I shall kill -
Ich werde töten

von Wolf Kursch

Umschlagfoto, Gestaltung und Layout: Wolfgang Schellhorn

www.bs–motor.de

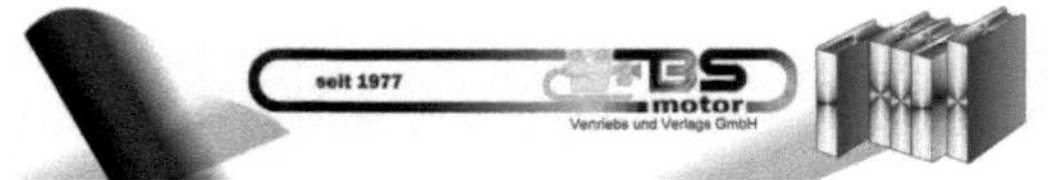

ISBN: 978–3–944667–28–7
printed in Germany
1B15,3,9

ISBN 978-3-944667-29-4 (mobi)
ASIN: B00CF5HMSG
ISBN 978-3-944667-30-0 (epub)

Für Walter,
der nur zufällig auch so heißt
und mit der Sache überhaupt nichts zu tun hat.

Einstiegspunkte

Das Päckchen

Ich komme vom morgendlichen Joggen zurück, trocken; Donnerstag, 7:12 Uhr. Als Redakteurin muss ich fit sein, nicht nur geistig; aber ich übertreibe nie beim Sport.

An meiner Wohnungstür lehnt ein Päckchen mit der Aufschrift WICHTIG und darunter Jo – PERSÖNLICH. Drehen und Wenden bringt keinen Absender zum Vorschein. 'Wird wahrscheinlich einer innen sein.'

Das Päckchen lege ich in der Wohnung neben den Herd; auf dem beginnt mein Frühstück zu brutzeln.

Wer nicht schwitzt, muss nicht sofort duschen.

Ein Ei und Speck zu den zwei Tomaten in die heiße Pfanne. Deckel drauf und kurz warten.

'Soll ich das Päckchen jetzt aufmachen? Wer stellt mir in der Früh um sieben Uhr etwas vor die Wohnung? Und wie kam DerDieDas bei der Haustüre herein?'

'Wird wohl von Karin sein.'

'Ist sie heute schon heruntergekommen? So früh steht sie sonst nie auf.'

'War sie letzte Nacht zu Hause? Ich habe gestern ihre Heels von oben nicht mehr gehört.'

Der Kaffee zischt kurz beim Aufgießen.

'Karin hätte sicher mit der Hand geschrieben und nicht mit dem Computer. Außerdem hätte eine mündliche Entschuldigung auch gereicht. Pralinen? Ich mag keine. Pralinen fordern anschließende Quälerei oder ein übermäßiges Quantum an Toleranz. Pralinen haben stets den falschen Geschmack; und Pralinen haben etwas Verruchtes, wofür am Morgen keine Zeit ist.‘

Drei Speckstreifen und ein Ei. Die Tasse Kaffee noch bis zum Rand mit Wasser nachgefüllt, Butter auf das Brot und los kann es gehen.

Nachdem mein Gewicht dem vor dem Laufen angeglichen ist und die Spuren vom Joggen abgeduscht sind, gebe ich mir einen Ruck. ‘Wenigstens nachsehen kann ich, was Karin als Wiedergutmachung vor die Tür gelegt hat. – Wo es wohl das altertümliche Packpapier gibt? – Stil hat sie.‘

Unter der äußeren Hülle kommt eine Schachtel hervor mit der Aufschrift:

> Bitte nur einmal und vorsichtig öffnen! Das Gerät schaltet sich selbst ein und am Ende ab. Gerät nicht aus der inneren Metallbox nehmen! Gerät nicht berühren! Nehmen Sie den Deckel der Schachtel nur ab, wenn Sie alleine sind und eine Stunde Zeit haben! Nachricht nicht unterbrechen

‘Beim letzten Satz fehlt das Ausrufezeichen!‘

‘Aha, eine Nachricht. – Es sind keine Pralinen!‘

Es klingelt an der Wohnungstür. ‘Wird Karin sein und sich erkundigen, ob ich ihr verziehen habe.‘

Draußen ist nur der leere Flur. Ich mache einen Schritt vor. Durch das Fenster in der Haustüre ist keiner zu sehen. Von oben ist nichts zu hören. Hier ist niemand außer mir.

Ich gehe zurück in die Wohnung. Ich öffne das Wohnzimmerfenster. Das Trottoir auf meiner Seite ist leer. Auf dem gegenüberliegenden kicken in großer Entfernung Schulgeher mit einer leeren Getränkedose. Sie scheinen Zeit zu haben. ‘Die haben nicht geklingelt.‘

Etwas bewegt sich in der Laibung an der Tür. ‘Täusche ich mich? Ein Kind, das mich ärgern will? – Derartiges haben wir auch gemacht. Aber wir sind davon gelaufen!'

'Soll ich hinausgehen? – Dann rennt der Fratz weg. Ich renne ihm nicht nach. Wozu? Wenn der Störenfried etwas Ernsthaftes will, wird er noch einmal klingeln. Habe ich die Klingel wirklich gehört? Oder war es Einbildung?'

Die Sonne wirft ihre Strahlen auf die oberen Blätter der Büsche, die tieferen liegen noch im Schatten. Gemächlich nähern sich Radfahrer – entfernen sich. Aus dem Hintergrund baut sich Motorenlärm auf. Gleich wird er hier sein. Die Ampel hat auf Grün geschaltet. Rot beschert die kleinen Pausen mit Ruhe. Diese werden oft vom Gekreische der Möwen verkürzt. Ich höre dies alles nicht. Die Stadt lehrt einen, Geräusche auszublenden, wenn man sie nicht zum Überleben braucht. Ich schließe das Fenster. Stille.

Ich sehe in die vorbeifahrenden Fahrzeuge. Ich versuche aus möglichst vielen Gesichtern zu erkennen, was die Personen denken, warum sie unterwegs sind. Ich stelle fest, Gesichter sagen gar nichts über den Zweck einer Fahrt aus. Wahrscheinlich denkt niemand am Morgen beim Autofahren an irgendetwas.

Der Tross hat sich entfernt. Es ist immer noch niemand in der Nähe der Haustüre zu sehen. Nun kommen Radfahrer. Sie treten gewaltig in die Pedale.

'Sie sind sicher auf dem Weg zur Arbeit.'

Dieser Gedanke gibt mir den berühmten Kick in den …

'Arbeit, ich sollte mich umgehend zu dieser begeben.'

Meine Armbanduhr sagt mir, dass in einer knappen

halben Stunde Redaktionssitzung ist. Dass ich die vorübergehende Leitung habe, sagt mir meine Erinnerung.
Karins Geheimniskrämerei und dem Abwasch wird nichts anderes übrig bleiben, als bis zum Abend zu warten.
Die Wohnungstür fällt hinter mir ins Schloss. 8:04.

**

Ich reagiere mir unbekannt. Irgendetwas lastet auf mir. Ein schlechtes Gewissen wegen gestern habe ich mir schon ein paarmal ausgeredet. ‘Das Päckchen? – So schwer ist es nicht gewesen. – Der unbekannte Inhalt?‘
‘Angst vor Karins Rache? Die Last von etwas Schwererem? War es das Gewicht der Ungewissheit? War ich jemandem auf die Zehen getreten? Jemandem mit kleineren Füßen?‘
‘Arbeit kann befreiend sein; wenigstens zwischendurch!‘
‘Während der Redaktionsrunde haben mich ein paar Kollegen mehrmals erstaunt gemustert. Steckte die Crew hinter dem Päckchen?‘

Mittagszigarette auf der Dachterrasse. Wir sind elf, wie immer. Die Jungs nennen es Fußball–Mannschaft, ich das unvollständige Dutzend. Kaum jemand spricht. Niemand verhält sich auffällig. Alle sind unter Zeitdruck. Ein paar machen ihn sich selbst, da sie eine zweite rauchen wollen.
Ich lehne am Geländer und blicke hinunter auf die

Straße. Die Ampeln stoppen die Eiligen und lassen nach eigenem Gutdünken Pulks los, Pulks von Spielzeugautos abwechselnd mit kreuzenden Marionetten. Tanzt einer aus der Reihe, dringen Hupkonzerte herauf.

Mir fällt Karins Päckchen ein. ‘Ich nenne es mal so. – Was will sie mit den mysteriösen Anweisungen bezwecken. Eine kleine Entschuldigung – so ein, zwei Worte – hätte es auch getan.‘

Inzwischen kommt mir der gestrige Abend gar nicht mehr so schlimm vor. Es war eben eines der Sektchen schlecht – oder zwei. ;-)

‘Und wenn das Päckchen nicht von ihr ist?‘

‘Sie mag wohl nicht.‘ Auch der nächste Anrufversuch scheitert.

Hast du mir das Päckchen vor die Türe gelegt? Wir sollten den Abend gestern vergessen. Lg Jo. *Senden.*

Ich drücke meine Zigarette aus. Während ich hinunter in die Redaktion gehe, überlege ich mir Formulierungen.

‘Ich werde den Abend und ihr heutiges Verhalten aufschreiben und es irgendwann einmal ihren noch nicht geplanten Kindern vorlesen.‘

Es ist 16:00 Uhr. Die Ersten verlassen den Arbeitsplatz. Ich sitze hier und schreibe das Vorgefallene auf. Mein Handy summt.

Welches Päckchen? Wieder Frieden? Kann nicht, bin im Meeting.

Ach ja, das Meeting hatte sie gestern erwähnt. Und es werde länger dauern. Das war vor dem Streit gewesen. Wäre ich ein Mann, müsste ich jetzt sagen: 'Weiber!'

Ich bin jetzt ein Mann. Ich sage es.

Von Karin war das Päckchen nicht.

Mein Handy trällert. UNBEKANNT.

Ich öffne die SMS.

Jo, denken Sie daran. Gerät nur einmal in Gang bringen und nicht stoppen. Sollte etwas schief gehen, hängen Sie mindestens bis zum Wochenende ein schwarzes Tuch vor ihr Wohnzimmerfenster.

Ein Unwohlsein macht sich in der Magengegend breit.

'Wenn ich jetzt und hier etwas davon erzähle, mache ich mich lächerlich oder meine Story ist futsch.'

'Niemand verhält sich verdächtig. Ich glaube, auch den ganzen Tag noch nicht.'

Auffällig unauffällig wandern meine Augen zur Deckenbeleuchtung. Ich führe meinen Kugelschreiber zum Mund und knappere am Clip. Beiläufig drehe ich meinen Bürostuhl und sehe niemanden mehr. Wie auch, alle sind gegangen.

Leere flutet mein Gehirn. Irgendjemand oder -was schaltet mich gerade ab.

Gedanken schleichen wieder an ihren Platz. Einer nach dem anderen. War ich Sekunden, Stunden, Jahre weg? Es kann nicht lange gewesen sein, denn der Bauch warnt immer noch. Mir kommt es zunehmend intensiver vor.

Ich sollte eine rauchen, die Gehirnwindungen einnebeln, um von dort unten abzulenken.

Ich nehme meine Hände von der Grummelgegend und sehe abstrakte Kunst auf meiner Bluse. Ich lasse den Kugelschreiber fallen. Ich denke mir das Wort. Ich fühle mich zu schwach, es auszusprechen, geschweige denn zu schreien.

Die Finger liegen wieder auf der Tastatur.

‘Ist es gut, wenn ich im Präsens schreibe? Spannender?‘
‘Das Geschriebene ist doch bereits Vergangenheit – schon während ich schreibe. Ich könnte alles notieren, während ich es mache. Und im Zirkus auftreten. Multitasking.'
‘Ich werde zur Vergangenheit wechseln und so tun, als ginge mich die Sache gar nichts an. Ich werde eine Reportage schreiben und versehentlich Emotionen einstreuen – oder auch nicht.‘
Meine Lebensgeister übernehmen wieder ihre Aufgaben.

‘Es ist jedenfalls nicht in meinem Sinn, mit der Geschichte in Zusammenhang gebracht zu werden. Ich werde mich zu einem Protagonisten wandeln, über den ich dann schreibe. Ich werde ihn Härteres trinken lassen. Es soll ein richtiger Mann sein. Hoffentlich gelingt mir das.‘
‘Ich werde aus mir einen Walter machen. Den gibt es überall. Nicht den, einen ganz normalen, soliden, intelligenten, smarten.‘
„Hallo, Walter. Nice to meet you.“
‘Schließlich kenne ich ihn erst seit eben. Anderseits gehe ich jeden Tag mit ihm ins Bett – außer wenn ich durchmache. Vielleicht ist Walter schuld, dass Nächte ohne Schlaf nicht mehr so häufig vorkommen.‘
‘Hoffentlich vergesse ich nicht, diese Passage zu streichen, bevor sie jemand zu lesen bekommt.‘

****

Walters mulmiges Gefühl hatte sich nicht verzogen, es war eher stärker geworden, je näher er seiner Wohnung kam. Es steigerte sich fast zur Angst.
'Von wem ist das Päckchen?'
'Wie kam es vor meine Wohnung?'
'Warum soll ich es aufmachen, wenn es so gefährlich ist? Hätte das nicht ungefährlich gestaltet werden können?'
'Was mag es für eine Nachricht sein? Eine Drohung? Ich wüsste nicht, wen ich aufgeschreckt haben sollte.'
Walter wollte seine Schritte verlangsamen, sie wurden jedoch schneller. Er wollte rechts in die Seitenstraße einbiegen. Seine Füße trugen ihn geradeaus.
Walter hatte Angst.
Wenige Augenblicke später gewann er die Kontrolle über sich wieder zurück. Ihm fiel auf, dass seine Reaktion der im Büro sehr ähnelte. Vor was hatte er Angst? Wem hatte er etwas getan?
Schwallweise waren ihm die Autos entgegen gekommen. Radfahrer waren jedem Schwarm hinterher getröpfelt; wie am Morgen.
Walter blickte auf die andere Straßenseite. Zu seinem Haus waren es noch ungefähr zweihundert Meter. Niemand ging dort. Niemand stand dort. Kein parkendes Auto. Hier war Halteverbot.
Mit geschultem Blick filterte er die Personen auf seiner Straßenseite. Die er kannte, übersah er; die Frau von zwei–Eingänge–weiter mit ihrem Spaniel; den Flaschensammler, der wie immer seinen Ertrag auf der Parkbank genüsslich zurückgelehnt verpaffte; Peter, der nur auf Pit reagierte, der statt seine Hausaufgaben zu machen, simste und per Ohrstöpsel mit einem an-

deren Universum korrespondierte.
Zwei junge Frauen kamen aufgekratzt auf ihn zu. Sie waren durch ein Kabel an den Ohren verbunden. Die blonde hielt das dritte Ende in der Hand. Es sah aus, als seien zwei Ferngesteuerte außer Kontrolle geraten. Sie schienen nicht seinen Hauseingang zu kontrollieren.
Walter blieb stehen. Er wollte sicher gehen. Als die beiden an ihm vorbeigingen, musste er seine Beobachtung korrigieren. Es waren zwei Jungs, wenn auch sehr weiblich. ‘Für sie wurden wahrscheinlich die Gender–Formulierungen in der deutschen Sprache erfunden, bei denen der Mann auf dem Gehsteig geht, die Frau jedoch auf der Gehsteigin.‘ Walter schluckte bitter.
Niemand verfolgte ihn, niemand kauerte auf oder hinter einem Baum.
Walter wechselte eilig die Straßenseite und verschwand hinter seiner Haustüre, die er sicherheitshalber mit dem Ellenbogen zudrückte. Auch bei der Wohnungstür vergewisserte er sich, dass das Schloss eingeschnappt war. Mit dem Schlüssel absperren und ihn gedreht stecken lassen, hielt er doch für etwas zu paranoid und unterließ es. Er riskierte einen Blick ins Bad und in die Küche und ins Wohnzimmer. Nun konnte sich nur noch jemand im Schlafzimmerschrank versteckt haben. Vorsichtig stieß er mit dem Fuß gegen die Tür, deren Griff sachte an die Wand stieß. Der geöffnete Kleiderschrank beinhaltete nichts, das er nicht sollte. Unter dem Bett fänden bestenfalls Staub und Fussel Platz, falls sie sich dünn machten.
Nun blieb nur noch der Kühlschrank als letztes Ver-

steck. Sicherheitshalber stellte Walter einen Küchenstuhl davor. Sein Blick fiel auf die Schachtel, die er seit dem Morgen nicht mehr angetastet hatte. Und auf das Geschirr, dem es genauso ergangen war.
Entgegen seiner Gefühle, die er sonst dabei empfand, machte ihm der Abwasch Spaß. Auch der Rest der Küche war wohl nie so sauber gewesen, ausgenommen beim Einzug in die Wohnung. Er ertappte sich dabei, dem Wohnzimmer eine gleiche Behandlung zukommen lassen zu wollen. Vielleicht auch dem Bad?
Walters Blick war immer wieder von der Schachtel mit dem angeblichen Metallkästchen angezogen worden. Hastig hatte er ihn, nachdem er sich dessen bewusst geworden war, sozusagen zur Strafe zum Fenster geschickt. Nun wollte er das Spiel beenden.
Er sah wieder die Schachtel an. ‘Sie ist von Karin!‘ Walter kam sich töricht vor. Er wusste gar nichts, außer, dass er einen Tag mit selbst erzeugter Unsicherheit, Angst und Zweifel verbracht hatte und nichts, aber auch gar nichts wusste, nicht einmal, warum er Angst haben sollte.
„Es ist von Karin. Rache? Scherz? Egal!“
Er hätte ihr gestern nicht Vorhaltungen wegen ihrer unterschiedlich farbigen Schuhe machen sollen. Pink und gelb. Sie hätte auch rechts und links darauf schreiben können, wobei das nichts geholfen hätte, da Frauen dies sowieso nicht unterscheiden können. Ein Wort ergab das andere, bis Karin ihm letztendlich den Sekt aus ihrem Glas auf sein Hemd geschüttet hatte. Vor lauter Wut hatte sie sein Gesicht nicht getroffen. Dann war Walter allein dagesessen. Mit der Rechnung und einem klebrigen, durchsichtigen weißen Hemd.

‘Der gute Sekt.‘ Sie wollten den Jahrestag begießen. Begossen war Walter. Er wohnte gestern auf den Tag genau ein Jahr in der Wohnung unter Karin.
‘Und das war die Feier dazu!‘
Gewissensbisse halfen nun auch nicht weiter.
Karins SMS heute Nachmittag hatte doch deutlich zum Ausdruck gebracht, dass sie nichts von einem Päckchen wisse. ‘Sollte sie so eine Schlange sein?‘
Das passte nicht zu ihr. Walter und Karin waren seit der ersten Klasse zusammen gewesen. In der Schule hatten sie meist dieselbe Bank gedrückt. Sie hatten dieselbe Uni unsicher gemacht. Sie hatten sich regelmäßig in den Haaren gehabt, aber nie gemein oder hinterhältig; nie verletzend.
‘Wenn Karin jetzt einen Streich spielen wollte, hätte sie nicht allen Grund gehabt? Wer hat mit den Schuhen angefangen? Mit dem Sekt war doch Satisfaktion gegeben. Und auf die kam es doch unter gebildeten Menschen an; wenigstens in Literatur–Klassikern.‘
Walter schob sich den zweiten Küchenstuhl zurecht und ließ sich nieder. Er las noch einmal die Aufschrift auf der Schachtel:

Bitte nur einmal und vorsichtig öffnen! Das Gerät schaltet sich selbst ein und am Ende ab. Gerät nicht aus der inneren Metallbox nehmen! Gerät nicht berühren! Nehmen Sie den Deckel der Schachtel nur ab, wenn Sie alleine sind und eine Stunde Zeit haben! Nachricht nicht unterbrechen

„Das Ausrufezeichen fehlt immer noch.“
Walters Hand bewegte sich auf die Schachtel zu. Das leichte Zittern ignorierte er. Nachsehen kostete ja nichts. ‘Vielleicht doch? Das Leben?‘

***

Der Monolog

Walters Hand wurde nun bewusst vom Hirn gesteuert. Sie hob den Deckel vorsichtig an, als wolle sie den Anweisungen aus dem Kopf immer noch nicht ganz trauen.
Walter blickte auf ein flaches Kästchen aus Metall in Zigarettenschachtel-Größe; keine Beschriftung, kein Aufkleber, blankes Metall. Rechts und links davon sah ihn je eine kleine, kreisförmige, perforierte Metallscheibe an. Die drei Dinge waren in eine passgenaue Schaumstoffform gebettet.
„Was ist das denn?“ Walter bekam keine Antwort. Nichts geschah.
Lange Sekunden später wollte Walters Hand gerade die rechte Scheibe anheben, als ihn eine Stimme warnte: „Ab jetzt nichts mehr anfassen!“
Das war nicht Karins Stimme. Das war keine natürliche Stimme. Walter kannte diese Art von Computern, die einem Texte vorlasen.
Walter starrte auf die Technik. Stille, außer des gewohnten, gedämpften Straßenlärms, den er aber nicht hörte. Sein Stuhl machte ein leichtes Kratzgeräusch, als er aufstand. ‘Ein Bier ...‘
„Ich hoffe, ich habe Sie nicht zu sehr erschreckt, Walter?“
Er ließ sich wieder auf die Sitzfläche fallen. Seine Hände legten sich rechts und links flach neben die Schachtel, wie er es aus alten Büchern kannte, in denen eine Autorität den Kleinen einschüchterte. Walter

hatte keine Zeit, sich über irgendetwas Gedanken zu machen, denn die Stimme fuhr fort.
„Ich hoffe, Sie sitzen bequem, denn es wird eine Weile dauern, bis ich fertig bin. Bleiben Sie so lange hier sitzen. Wenn Sie aufstehen und gehen, verpassen Sie etwas, vielleicht etwas Entscheidendes. Wenn Sie vorher noch für kleine Königstiger müssen, dann gehen Sie jetzt. In genau drei Minuten fange ich an!“
Walter rührte sich nicht. „Drei Minuten, ab jetzt!“
Walter vernahm das Ausrufezeichen wie einen Startschuss.
Walters Königstiger war doch eben erst gewesen.
Walter blieb sitzen. Er versuchte es mit Hände–im–Schoß–falten, dann wieder mit Hände–neben–den–Karton. Die Zeit wollte nicht verstreichen.
Walters Neugierde thronte nun über all seinen vorherigen Gefühlen der Angst, des Zweifels, der Wut. Sein restliches Inneres war Apathie.
Er hörte jeden Schall der Autos, ja einmal sogar das Rufen eines Kindes. Er verstand jedoch den Inhalt nicht, denn eine Radlaufglocke übertönte alles.
‘Woher wusste die Stimme, wann sie beginnen musste?‘
Walter beugte sich vor, blieb aber in respektvollem Abstand zu dem Kästchen. Er erblickte an der rechten Seite eine glänzende Ausbuchtung in Größe und Form eines halben Stecknadelkopfes.
‘Könnte eine Fotozelle sein, die auf Licht reagiert.‘
‘Was wäre passiert, wenn ich den Karton im Dunkeln geöffnet hätte? – Dann hätte die Stimme losgelegt, wenn ich am Morgen das Licht eingeschaltet hätte. Dann wäre ich erschrocken, und wie! Schade, der Ver-

such ist jetzt nicht mehr ...‘
„Ich hoffe, Sie sind wieder da. Ich möchte mich kurz vorstellen und Ihnen erklären, um was es geht.
Meinen Namen werde ich nicht nennen, da er beliebig austauschbar ist. Nur so viel. Ich bin ein Einzeltäter aus einer Gruppe.
Ich werde töten. Ich erkläre Ihnen, warum.“
Eine kurze Pause entstand. Jede Statue hätte sich mehr bewegt als Walter in diesen Sekunden. Wahrscheinlich atmete er auch nicht mehr. Sein Körper war abgeschaltet, wie am Nachmittag. Während er sich dessen bewusst wurde, sprach die Stimme weiter:
„Nachdem wir noch eine Weile miteinander verbringen werden, duze ich dich ab jetzt einfach. Es macht dir doch sicher nichts aus? Oder?
Wie dem auch sei, ich mache es einfach. Ein ‘Du‘ nimmt etwas von der düsteren Atmosphäre.
Du bist nicht direkt betroffen. Du bist kein Opfer und auch noch kein Täter. Du bist vorerst nur ein Gewissen – dein eigenes. Ob du Täter werden willst, entscheidest nur du.
Noch einmal der Sicherheitshinweis: Fasse den Schachtelinhalt nicht an, insbesondere das Metallkästchen nicht! Denke dir jetzt drei Ausrufezeichen, oder besser, noch mehr.“
Die letzten beiden Sätze kamen Walter sehr lange vor, länger als ein Erstklässler zum Schreiben gebraucht hätte. Er stellte sich Gebirgszüge mit tiefen Tälern vor. Jedes einzelne Wort fiel in ein anderes Tal. Am Schluss waren die Wörter verschwunden und die Berge hatten sich weiter erhoben.
Während Walters Gedanken versuchten, die Frage zu

klären, ob nicht die ganze Welt in einem Tal verschwinden oder das Licht angehen und sich alles als ein Traum herausstellen könnte, unterbrach ihn die Stimme aus den Lautsprechern:
„Ich mache im Folgenden Pausen, damit du dir Gedanken machen kannst. Ich sage dir, wann meine Mitteilung zu Ende ist. So lange bitte ich dich, mir zuzuhören."
In der hierauf folgenden Unterbrechung stellte Walter fest, dass ihm nichts einfiel, womit er die Stille überbrücken könne.
„Diese Pause dauerte fünfzehn Sekunden und war ein Test. Du weißt jetzt wie es weiter abläuft."
Walter deponierte einen Gedanken frech als Grundlage: „Ja, mit Pausen." Er hatte Glück gehabt, denn die Stimme fuhr in ernstem Ton fort:

„Ich will erst einmal etwas über mich sagen.
Niemand hält mich für einen Spinner! Hoffentlich! Glaube ich.
Ich bin kein Fanatiker!
Es geht mir nicht um Religion!
Ich hatte keine schlimmere Kindheit als andere!
Ich halte mich für gebildet und tolerant!
Ich glaube, jeder kann und soll nach seiner Auffassung glücklich werden, solange er nicht andere damit beeinträchtigt. Beeinträchtigung ist ein sehr dehnbarer Begriff. Ich bin überzeugt, dass er mit gutem Willen von Fall zu Fall befriedigend definiert werden kann.
Irgendein Weiser hat vielleicht einmal gesagt: 'Gegenseitige Toleranz hält dir Unfrieden vom Leib.'
Ich achte das Leben, nicht nur das der Menschen. Ich

glaube, dass im Kosmos alles mit allem zusammenhängen kann und es wahrscheinlich auch tut.
Ich komme aus der christlichen Glaubensecke. Ich gehe konform mit dem Satz: ‘Du sollst nicht töten!‘ Jedes Wort darin hat seinen Sinn.
Er fängt mit ‘du‘ an, was ich für unglücklich formuliert halte, denn es lässt die Hintertür ‘ich nicht‘ offen. In dem Satz steht ‘sollst‘, nicht ‘darfst‘!
Der Rest des Satzes ist klar. Töten ist fremdes Leben beenden oder das eigene durch eigene Hand.
Nehmen wir an, ‘sollst‘ ist beabsichtigt, um beispielsweise eine Notwehr zu erlauben, um eine Ordnung aufrecht zu erhalten oder was auch immer man als Ausnahme anführen mag.
Ausnahmen sind nicht definiert. Wer ist berechtigt eine Ausnahme zu bestimmen? Dies können nur Menschen sein, da Religionen von Menschen geschaffene Konstrukte sind. Wenn es einen Gott gibt, kümmert er sich nicht um Fehlkonstruktionen wie den Menschen; bei Interesse oder Bedarf hätte er es sicher schon längst getan. Ich will auch nicht darauf eingehen, ob Gott männlich, weiblich, einzeln oder mehrere ist, Schrägstrich sind. Dies spielt hier keine Rolle.
Zurück zu den Menschen. Ich habe wachsende Schwierigkeiten, den Menschen zu definieren. Wo fängt der Begriff an, wo hört er auf?
Intelligenz kann nicht als Grundlage herhalten. Ich halte unsere Art Intelligenz für eine Sackgasse und einen Irrweg der Evolution.
Der Mensch ist wahrscheinlich das erste Lebewesen auf dieser Erde, das sich aufgrund von Überlegungen selbst vernichten wird und sich dessen bewusst ist. In-

sofern hat der Mensch eine Herausstellung verdient. Vielleicht schafft er es, sich nur in ein früheres Stadium seiner Entwicklung zurück zubefördern. Hoffentlich gelingt es ihm dann, daraus andere Schlüsse zu ziehen.
Der Mensch ist in meinen Augen nicht die höchste Form der Lebewesen. Vielleicht die intelligenteste, wenn man unsere Art der Intelligenz für die höchste hält. Es kann aber ebenso gut sein, dass es die dümmste ist.
Aber verlassen wir die Nebenschauplätze der Philosophie und wenden uns dem Anlass zu.
Ich erwarte nicht, dass ich verstanden werde, aber manchmal gibt es Dinge, die muss man tun.
Ich werde töten!“

Dieser Satz klang, obwohl er zum zweiten Mal ausgesprochen worden war, wie das Knallen einer Peitsche; hart, bestimmt und unabdingbar. Walter zuckte zusammen. War doch er gemeint und er das Opfer, der zu Bestrafende?
Eine Pause ließ ihm Zeit für Gedanken; als wisse der Sprecher, wie Walter reagieren werde.
Würde nicht jeder so reagieren?
Spielte der Sprecher mit ihm? Wollte er ihn in Angst versetzen?
„Jeder hätte in meiner Situation Angst.“ Walter hatte keine Zeit für weitere Überlegungen, denn die Stimme fuhr fort:
„Nehmen wir an, wir leben in einer Demokratie. Dies ist bei mir und dir der Fall. Wer darin leben will, sollte sich bewusst sein, dass zu Rechten auch gewisse

Pflichten gehören.
Eine davon ist, am Geschehen mitzuwirken. Manchmal heißt das auch, Unbeliebtes zu machen. Die Kreuzchen bei Wahlen delegieren zwar manches, bedeuten aber nicht, dass damit für einen der Fall erledigt sein sollte. Leider ist es das heute meist.
Wir lassen uns von den Gewählten zu viel gefallen. Sie versprechen uns, ihre Versprechen zu halten. Manche können nicht eingehalten werden, weil eine Mehrheit dagegen ist. Das ist Demokratie. Das ist auch nicht das Problem.
Das Problem sind die, die ohne verbalen Kampf und ohne Überzeugungsarbeit zu leisten, wortbrüchig werden. Denen ihr Wahlauftrag am Arsch vorbeigeht.
Und wir? Wir wählen Wortbrüchige wieder und wieder. Da darf es nicht wundern, wenn sie tun, was sie wollen; wenn sie den Weg des geringsten Widerstands gehen oder gar den lukrativeren.
Wenn bei jedem Thema der Kompromiss im Rang vor dem Ziel steht, kann nur fauler Zauber herauskommen. Kompromiss, ja; er ist essentiell, aber nicht um jeden Preis.
Mit jeder aus Bequemlichkeit aufgegebenen Position entsteht Rückschritt und Verrat an der Sache. Revolutionsweisheit!
Leider gilt auch: Erst wenn die weg sind, die die Revolution angezettelt und durchgeführt haben, kommt ein brauchbares Ergebnis heraus! Auch das gehört zu Revolutionen. Revolution ist aber jetzt nicht unser Ziel! Deshalb zurück zum Thema.
Wer eigene oder ihm übertragene Einstellungen verrät, ist nicht wert zu regieren. Die von diesen Personen ge-

machten Gesetze sind in Frage zu stellen, wie auch die Personen selbst!
Wenn Regierungen bei den Bürgern nicht mehr glaubwürdig sind und die Bürger eine zerstörerische Revolution vermeiden wollen, müssen sie im Kleinen reagieren. Das tun wir.
Ich bin ein Einzeltäter aus einer Gruppe, ich bezeichne sie der Einfachheit halber mal so. Zusammenschluss träfe es vielleicht besser.
Jeder von uns ist ein Einzeltäter. In der Regel begeht jeder nur einmal eine Tat. Dadurch wird stark eingeschränkt, dass man erwischt wird oder vorher auffliegt.
Wir treffen uns in unregelmäßigen Abständen mit unterschiedlichen Besetzungen zu zwanglosen Plaudereien. Dabei wird über Privates, Geschäftliches und Öffentliches geredet, über Unrecht, dessen Verfolgung und die Verantwortlichen, kurz über Gott und die Welt diskutiert.
Die Gruppen treffen sich nicht, um etwas auszuhecken. Sie treffen sich, um Meinungen auszutauschen und Horizonte zu erweitern. Es geht um Alltägliches, oft auch um Bedrohliches; was sich ja nicht ausschließt.
Wir sind keine eingeschworene Gemeinschaft. Wir sind offen für alles und jeden. Nenne es Stammtisch, Kaffeekränzchen oder welches Wort es sonst noch dafür geben mag. Andere Seiten anhören, Gegenpole abwägen, das machen wir.
Oft gehen Diskussionen anschließend im kleinen Kreis weiter, manchmal werden sie nach einem längeren Zeitraum wieder aufgenommen. Es gibt kein ge-

meinschaftliches Ziel.
Ich gehe davon aus, dass bei unseren Treffen fast immer Leute dabei sind, die nichts mit der Gruppe zu tun haben. Leute die sich einfach nur mit anderen treffen wollen, die an Diskussionen über das Tagesgeschehen und den Apfelkuchen der Oma reden wollen. Niemand weiß, wer zum geistigen Kern gehört. Vielleicht sind wir manchmal alle zugehörig; vielleicht bin ich zwischendurch die einzige Person des inneren Kreises. Wer dazu gehört, wird nicht automatisch zum Täter, wahrscheinlich nicht einmal zum Handlanger.
Es dürfte selten sein, dass man weiß, wer dazugehört. Ich weiß es nur von zwei Personen und die sind sehr unregelmäßig da.
Ob einer zum Täter wird, ist deswegen noch lange nicht gesagt. Zur Gruppe zu gehören, heißt nur, dass man weiß, wie der Hase im Bedarfsfall läuft, wo man Pläne, oder nennen wir es 'Material', herbekommt,
Manche reden bei den Treffen, manche schweigen, mache denken sich ihren Teil, andere nicht. Wir sind so durchschnittlich, wie man nur sein kann.
Du kennst das Leben. Ich muss dir nicht weiter erklären, wie das läuft.

Das System ist nicht gleichförmig konstruiert. Der Aufbau ist unterschiedlich und variabel. Hier funktioniert es so, dort anders. Es gibt keine Regie. Es funktioniert wie Schwärme.
Stell dir Vogelschwärme vor, die sich auf ihren Zügen irgendwo treffen und sich wieder trennen.
Als Beobachter weißt du nicht, welcher Vogel zu welchem Schwarm gehört; wer welche Aufgabe hat. Die

ständige Bewegung erschwert die Beobachtung.
So ist es auch bei uns. Wir sind mal hier, mal dort. Überall gibt es nur Andeutungen einer Spur.
Einer unserer Leitsätze ist: Bewege dich viel, aber lass dir Zeit!
Diese Zeit gibt der Zielperson die Möglichkeit, Taten rückgängig zu machen, Auswirkungen abzumildern. Deshalb ist die sofortige Bestrafung/Rache die schlechtere Variante – meist.
Bei Wiederholungs- oder Serientätern ist schnelles Handeln besser.

Ich höre dich schon sagen: Woher nimmst du oder nehmt ihr das Recht zu richten und zu strafen?
Aus meiner Erziehung und meinem Moralverständnis. Was für die anderen auch gilt.
Richtern wird ein Recht übertragen. Es heißt vom Volk. Richter sprechen Recht im Namen des Volkes.
Dies mag oft stimmen. In Fällen, wo das Volk, sprich, die Mehrheit, aber anders entscheiden würde, ist es nicht mehr in dessen Namen. Der Satz ist dann eine Verhöhnung des Volkes. Entschieden wird nach Gesetzeslage.
Da aber inzwischen jeder Paragraph durch einen anderen ausgehebelt oder abgeschwächt werden kann, ist der Sinn der Paragraphen ad absurdum geführt, also sinnlos. Auf der Basis von sinnlosen Paragraphen zu urteilen, macht ein Urteil sinnlos.
Wenn eine Erziehung von Menschen mit diesen Gesetzen stattfindet, ist diese Art der Erziehung sinnlos. Gesetze sollen eine Gleichheit schaffen und durchschaubar sein. In der Praxis sieht das anders aus.

Deshalb müsste eine sinnvolle Erziehung wieder darauf hinauslaufen, dass wir alle nicht nur auf uns selbst Rücksicht nehmen. Eine gewisse Zeit mag das aktuelle System vielleicht funktioniert haben. Natürliche Auslese nennt man das in der Evolutionstheorie.
Wenn alle Schwachen ausgelöscht werden, bleiben nur die Starken übrig. Diese bekämpfen sich dann gegenseitig. Wenn man diesen Gedanken zu Ende denkt, bleibt am Schluss nur noch einer übrig. Der ist aber nicht überlebensfähig, da der Mensch ein Herdentier ist; wenigstens die meisten.
Aus diesem vereinfachten Gedankengang folgt: Es muss eine sinnvolle Regelung her. Diese kann sicher nicht einen egoistischen Wildwuchs zum Ziel haben. Sinnvoll für die Allgemeinheit, nicht ausschließlich für den Einzelnen.
Somit wären wir wieder so weit, dass Regeln für alle gelten sollten und auch von allen verstanden und nachvollzogen werden können. Gesetze müssen ein friedliches Zusammenleben schützen, und vor Willkür. Des Weiteren sollten sie generell akzeptiert sein.
Da ein Vergehen eine nachvollziehbare Bestrafung und Wiedergutmachung nach sich ziehen sollte, muss jemand anderer dies in die Hand nehmen, wo das Gesetz versagt.
Kurz: Wer stiehlt oder jemanden betrügt, um sich zu bereichern, kann nicht als Strafe einen erhobenen Zeigefinger erhalten.
Und: Wenn weltfremde Richter Urteile fällen, die zwar dem Buchstaben des Gesetzes entsprechen mögen, aber eben weltfremd und absurd sind, dann sollte eine darüber stehende Instanz dies korrigieren. Tut sie

das nicht, muss außergerichtlich eingegriffen werden. Zu so einer Instanz haben wir uns ernannt.
Ob das dem Recht entspricht, ist mir egal, es ist gefühlt rechtens.
Auch Richter haben moralische Pflichten. Ignorieren sie diese, werfe ich sie in denselben Topf wie die anderen Moralisch–Kriminellen. Mit entsprechender Konsequenz.

Sicher willst du wissen, wen ich der Gerechtigkeit zuführen werde. Das kann ich dir natürlich nicht sagen. Das wäre gegen unsere Regeln und könnte nicht nur mir schaden, vielleicht die Tat verhindern.
Solange ich mir nicht sicher bin, ob ich eine dieser Möglichkeiten will, erfährst du von mir nur Allgemeines. Ich kann dir aber die Grundgedanken hinter dem Ganzen aufzählen und erklären. Eigentlich mache ich das jetzt schon eine ganze Weile.
Ich werde dich nicht mehr lange mit meinen Gedanken belästigen, zumindest für heute nicht.
Wir konzentrieren uns auf Leute, Institutionen, Firmen, die, aus welchen Gründen auch immer, durch die Maschen der Gesetze schlüpfen und großen bis sehr großen Schaden anrichten. Diejenigen, die zwar per Gesetz davon kommen, denen aber nach dem Grundgedanken der Gesetze und aus moralischen Gründen etwas passieren müsste; denen, die meinen, Recht und Moral gelte nur für andere.
Wer Gesetze zu seinem Vorteil und dem Nachteil anderer schafft, muss damit rechnen, dass die andere Seite dies auch tut. Gesetz gegen Gesetz. Geld gegen Moral.

Du kennst das Sprichwort mit dem faulen Apfel, der entfernt werden muss.
Für jeden mag der Rubikon an einem anderen Punkt überschritten sein. Für mich und meinen Fall ist er es!

Du wirst berechtigt einwerfen, dass man deshalb nicht gleich töten muss. Muss man auch nicht. Töten ist nur bei schwersten Vergehen vorgesehen. Der Großteil der Delinquenten wird materiell getroffen. Manche auch körperlich.
Zur Zeit kreist wieder die Diskussion des Hand–Abhackens. Ich bin davon kein Freund. Ich finde es barbarisch. Wenn man jedoch bedenkt, was die Zielpersonen gemacht haben, dass sie zu diesen Zielen wurden, ist das vielleicht eine sehr humane Form der Strafe.
Ich tendiere zu finalen Strafen. Deshalb widme ich mich nur den großen Fischen mit dem geringsten Verantwortungsgefühl. Damit wird erreicht, dass sie in Zukunft keine neuen Schäden anrichten können. Diese Art Leute gehört zu den unverbesserlichen.
Das Verantwortungsgefühl von Managern gegenüber Geldgebern ist damit nicht gemeint. Verantwortung gegenüber den Mitmenschen, der Natur, der Zukunft, das meine ich.
Wir stellen im Zweifelsfall Ethik über Profit!“
Ich mache jetzt eine Pause von drei Minuten. Du kannst dir inzwischen Gedanken und Notizen machen, oder was du sonst musst.“
„Mein Königstiger muss nicht, wenn du das meinst.“ Walter murmelte diesen Satz, als sei er sich nicht sicher, ob ihn das Kästchen hören könne und seinen Kommentar weiterleiten würde.

Er stand auf, ging zum Fenster und warf einen kurzen Blick hinaus. Er trat schnell wieder zurück und ließ den Rollladen herunter. Falls jemand da draußen auf ihn zielen würde.
Walter ging im Zimmer auf und ab. Wer teilte ihm solche Ungeheuerlichkeiten mit? Warum?
Er blickte immer wieder zu der Schachtel und dann zu seinem Computer. Nichts rührte sich, weder die eine, noch der andere.
Walter ging in die Küche. Dort half ihm auch niemand. Er ging ins Bad. Warum wusste er nicht. Er starrte auf seine Zahnbürste und nahm zwei Haare vom Waschbecken. Die Stimme aus dem Wohnzimmer schreckte ihn auf.
Walter ließ die Haare wieder auf den Beckenrand fallen und eilte ins Wohnzimmer. Beinahe wäre er im Gang gestürzt. Der linke Fuß war schon über Kniehöhe. Walter bekam die Kante an der Ablage der Garderobe zu fassen. Dies verhinderte Schlimmeres.

„Ich hoffe, du bist noch oder wieder da?
Wenn jemand eine 'Aufgabe' übernimmt, weiß niemand, auch in anderen Gruppen nicht, wer es ist.
Ich gehe davon aus, dass die meisten von uns wie ich sind. Ich sagte ja schon, wir kennen uns in der Regel nicht.
Niemand kennt unsere Zahl. Niemand kennt die Ausdehnung des Netzes und wo es sich erstreckt. Es gibt keine Zentrale.
Es gibt Knoten, die sich nach der Erfüllung ihres Zwecks wieder auflösen. Ein Knoten entsteht, weil je-

mand eine Strafaktion plant. Dazu muss ein Plan, Material und eventuell auch Helfer her.
Pläne gibt es im Internet. Sie sind in fast allen Fällen nicht auf bestimmte Personen bezogen. Es gibt Seiten, auf denen sind Pläne abrufbar. Wie und wo, will ich nicht verraten. Aber es funktioniert. Man erstellt eine Knotenseite. Auf dieser beschreibt man benötigtes Material und was man sonst noch braucht. Wobei man nicht nennt, wer oder was das Ziel ist.
Wenn jemand glaubt, eine Seite verrät zu viel über die Tat oder Person, kann er dies mit einem Hinweis kundtun. Wer dies auch so einschätzt, hält sich heraus. Schlimmstenfalls bekommt man keine Unterstützung. Dann muss man nachdenken, etwas ändern.
Die Seiten gibt es nur kurz. Nach einer Strafaktion wird die jeweilige Seite komplett gelöscht. Wer seine Seite nicht löscht, ist selbst schuld, wenn er deswegen erwischt wird. Ich weiß nur von einem Fall, der wegen einer ungelöschten Seite aufgedeckt worden ist. Der Täter wollte entdeckt werden. Trotz alledem konnte man nur ihn belangen. Alle anderen Spuren endeten im Nichts. Vielleicht erinnerst du dich an den Chemie–Manager mit seinen Knebelverträgen. Nur Opfer, Täter und das Motiv wurden öffentlich bekannt. Es wurde als Tat eines Einzelnen hingestellt. War es irgendwie auch, aber aus einem Kollektivbewusstsein und mit Hilfe eines solchen.
Es wäre unverantwortlich, dir jetzt schon Details meines Falles zu verraten. Aber glaube mir, die anderen Fälle, die ich kenne, haben fast immer geklappt. Wenn jemand vorzeitig oder überhaupt entdeckt worden ist, war er in der Regel eben selbst schuld. Daran siehst

du, dass keine Dummköpfe zum Zuge kommen. Es sind durchwegs Leute mit Denkvermögen.
Übrigens gibt es eine Regel, dass Material und Pläne nur abgegeben werden dürfen, wenn die Empfänger auf den Knotenseiten nachweisen, welche Gedankengänge sie im Internet gepostet oder sonst wo veröffentlicht haben; oder auf welche sie sich beziehen. Dazu müssen die Links und Quellen angegeben werden.
Du wirst jetzt einwerfen, dass das Fälschungen Tür und Tor öffnet. Dem ist kaum so, wobei man es nicht ausschließen kann. Das Leben ist ein Lotteriespiel.
Für den Fall, dass doch einmal ein falscher bestraft werden sollte, wäre das ein Kollateralschaden. Diese werden in der Bevölkerung ziemlich widerspruchslos geschluckt.
Ich höre dich schon sagen: Kollateralschäden gibt es nur beim Militär.
Wir sind im Kampf. Unsere Armee ist klein bis winzig, manchmal nur eine Person. Sie hat keinen Befehlshaber. Sie entspricht nicht einer Armee. Und das macht sie unbesiegbar.
Es ist eine Armee, die bei Bedarf aus dem Boden wächst. Eine Armee, deren Teile aus Gedanken geboren werden.
Revolutionsarmeen waren meist klein. Schlag beliebige Geschichtsbücher auf.
Revolution ist vielleicht nicht ganz richtig. Re–Evolution trifft es genauer. Das Ziel ist es, Werte zu festigen und nicht von jedem nach eigenem Gutdünken biegbar zu machen.
Zur Erinnerung, es geht nicht um abstrakte Werte. Es

geht primär um essentielle. Ich glaube, ich habe dies schon erwähnt. Wenn nicht, dann habe ich es hiermit getan.
Spinner kann man nie abhalten. Sie würden auch ohne das Netzwerk ihre Taten begehen.
Unser System erschwert zwar interne Wege, ist aber von außen nur partiell angreifbar. Durch das Auffliegen einer Tat oder Person wird der Rest nicht oder kaum berührt.
Stell dir vor, ein Blinder sticht mit einem Schwert in einen See und zieht es wieder heraus. Das Schwert verdrängt Wasser und macht Wellen. Es entsteht Aufruhr im Wasser, die Oberfläche wird wieder glatt. Der See hat keinen Schaden davon getragen.
Der mit dem Schwert ist blind. Er sieht das Gewässer nicht. Er weiß nur, dass er in einen See gestochen hat. Vielleicht wird er sich auch bewusst, dass er nichts erreicht hat.
Die Tropfen, die beim Herausziehen aus dem See am Schwert hängen geblieben sind, perlen zurück oder sind tatsächlich dem See entzogen. So geht es Ermittlern und Fahndern.

Wahrscheinlich hast du dich zwischendurch schon gefragt, warum ich dir das alles erzähle.
Ich gehöre nicht auf die Couch – glaube ich.
Du wirst mich trotzdem für verrückt erklären. Vielleicht zu meinem eigenen Schutz oder als Grundlage für ein Plädoyer in einer Gerichtsverhandlung.
Ich erkläre mich für verrückt, aber im Sinne von ab- oder beiseite gerückt. Unzurechnungsfähig bin ich sicher nicht. Unkalkulierbar, ja.

Warum sollte ich verrückt sein? Sind es nicht die, die das System dulden oder gar aktiv gestalten? Die gegen die Grundwerte verstoßen, die sie nach außen hochhalten, oder zumindest vorgeben, es zu tun. Ist der verrückt, der sich gegen Verrückte und Verrücktes wehrt?

Du könntest jetzt einwerfen: Der Klügere gibt nach.

Ich glaube das wurde lange genug getan. Deshalb wird die Welt von den Dummen regiert. Besser gesagt, von den Gewissenlosen und Egoisten.

Gewissenlosigkeit und Egoismus sind heute Trumpf und der Schlüssel zur Macht. Die Spitze der Gesellschaft ist eine eigene Gruppe. Sie hat mit dem Volk nur insofern zu tun, als sie es in Schach halten will und muss. Was noch vor dreißig Jahren und davor als Science Fiction belächelt wurde, ist heute von der Realität überholt worden.

Wir sind das Volk. Das war einmal. Ich oute mich damit als deutsche Person. Lassen wir das Geschlecht beiseite. Dies preiszugeben wäre ein Fehler. Fahnder könnten so den Kreis der Verdächtigen eingrenzen.

Ich habe dir vorher schon gesagt, dass wir eine nicht homogene Gruppe sind, international mit stets wechselnden Akteuren.

Ich glaube, dass du dies aber jetzt noch niemanden verrätst. Ich glaube, du bist zu neugierig und möchtest erst alles wissen. Deswegen erzähle ich weiter.

Wir sind das Volk. Ja, das war einmal. Damals wollte man seine Macht ausdrücken. Heute sagt der Satz nur aus, dass man zu einer Gruppe gehört; vielleicht einer, die sich zusammengehörig fühlt. Er sagt nicht aus, dass man eine Macht hat. Auf ‘Wir sind ein Volk‘ ent-

gegne ich ‘und was für eines‘.
Wir, ja ich schließe mich mit ein, sind ein Volk von Angsthasen, welches von den Regierenden an die Wirtschaft verkauft wird. Diese Wirtschaft besteht aus anonymem Geld und ist schon lange nicht mehr von Persönlichkeiten gelenkt. Die Wirtschaft wird von unkontrollierbaren Mechanismen gesteuert, ohne ein entscheidendes Zutun eines Menschen. Und wenn einmal ein Mensch eingreift, richtet er damit nur noch größeren Schaden an. Die Börse bestimmt, wem welche Macht zugeschanzt wird. Die Börse wird nicht von Menschen gemacht. Computer regeln, die Menschen reagieren – im Augenblick noch. Bald wird der Mensch in diesem Spiel ganz herausfallen.
Bin ich verrückt, weil ich mich über Computerprogramme und deren Handlanger stelle? Bin ich verrückt, weil ich mich über nicht–greifbares Geld stelle? Geld ist ein Versprechen, kein Wert. Geld nimmt einen Wert an, wenn dafür ein Gegenwert übergeben wird. Dieser hängt aber von der Tageslaune ab. Geld hat nur die Macht, die wir ihm geben.
Früher wurden Regierungen von der Kirche gekauft; heute vom Kapital. Früher kannte man seine Gegner, es waren Personen hinter einer Institution. Heute sind diese ‘verantwortlichen Personen‘ ihnen völlig Unbekannten Rechenschaft schuldig. Sie sind Rädchen in einem System und mit dieser Argumentation verteidigen sie sich. Andererseits treten sie wie nicht–greifbare Götter auf. Gott kann man nicht zur Rechenschaft ziehen. Würdest du einen ‘Gott‘ personifizieren können, träte im Augenblick der Zerstörung ein neuer unbekannter an seine Stelle. Dies ist ein endloser Kreis-

lauf.
Früher stand ein gemeinsamer, bekannter, stabiler, moralischer Wert – ob gut oder schlecht spielt für diesen Gedanken im Augenblick keine Rolle. Er war über meist längere Zeiträume stabil. Heute kann sich der Wert je nach Region und Eigentümer jederzeit ändern, und das reziprok. Je schneller er sich ändert, desto unangreifbarer wird der Wert!
Aber zurück zu mir. Ich vertrete einen moralischen Wert, der mir in die Wiege gelegt ist. Ob er nun richtig oder falsch ist, bleibt wieder dahingestellt. Ich vertrete ihn. Nachdem gemeinsame Werte in der Mehrzahl der Menschen verankert sind, bin ich zumindest kein Außenseiter. Ich bin mir auch bewusst, dass es unterschiedliche Werte gibt. Und ich maße mir auch nicht an, zu behaupten, dass meine die einzig richtigen sind. Sie können es nur für mich und andere Gleichdenkende sein. Hoffentlich nie für alle. Das Leben wäre langweilig.
Gleiche Moral – ich erkläre dir jetzt nicht, was Moral ist; wenn du es nicht weißt, mache dich schlau – sollte eine der Grundlagen des Zusammenlebens sein.
Je mehr Menschen dieselbe Moral anerkennen, desto stabiler wird das Fundament, auf dem die Gemeinschaft steht.
Nehmen wir an, ein multinationaler Konzern ersteht die weltweiten Rechte für Trinkwasser. Er kann jedem seine Preise, Quantität, die Zuteilung und Qualität diktieren und per Gesetz oder physischer oder psychischer Gewalt durchsetzen. Sein Ziel ist Gewinnmaximierung, sonst nichts. Was dem entgegensteht ist das Bedürfnis des Kunden.

Gesetze, die dies einseitig zu Gunsten des Kapitals regeln, widersprechen so gut wie allen Moralbegriffen weltweit. Aufgrund von Landes- und internationalen Gesetzen können diese Ausbeuter nicht gestoppt oder gar zur Rechenschaft gezogen werden.
Wenn aber Gesetze nicht Moral als Grundlage haben, können sie nicht mehr als sinnvoll vermittelt werden. Niemand braucht Gesetze, die nur den Sinn haben, sich gegenseitig auszuhebeln oder eine Schar von Juristen in Brot und Arbeit zu bringen. Gesetze dienen der Regelung eines sinnvollen Zusammenlebens. Stelle dir 'sinnvoll' mit zehn Seiten Ausrufezeichen vor. Alle anderen Gesetze dienen dem Machtmissbrauch.
Gegen diese Gesetze stelle ich eigene, durchschaubare, kalkulierbare. Sie haben wenigstens den Vorteil, dass sie von allen ohne Wenn und Aber verstanden werden können. Ihr Sinn muss nicht seitenlang erklärt werden. Nach dem Prinzip: Wenn – dann! Kein System Radio Eriwan.
Wer etwas tut, soll dazu stehen und die Konsequenzen tragen müssen. Dieses Bewusstsein sollte jeder mit der Muttermilch einsaugen.

Ich schweife zu viel ab. So kommen wir nie zu einem Ende.
Warum erzähle ich dir das alles?
Es tut gut, wenn jemand zuhört. Ja, es tut gut.
Ein weiterer Grund ist, dass ich unsicher bin, ob es einen Sinn ergibt, meine Tat zu begehen.
Sind wir da nicht bei den Windmühlen?
Stelle ich mich damit nicht auf die Seite derer, die ich verachte?

Ich bin kein Philosoph. Das siehst du an meiner Ausdrucksweise. Ich bezeichne mich dem gemeinen Volk zugehörig. Und ich behaupte, ich kann denken!
Es mag dir alles ungeordnet vorkommen, ist es auch. Aber ich musste es mir von der Seele reden. Und diese ist ungeordnet.
Meine Entscheidung fällt mir schwer. Ich habe sie bis heute noch nicht final getroffen.
Soll ich mich in das Leben anderer einmischen? Auch wenn das begangene Vergehen noch so groß war, bin ich es, der richten soll?
Richten ist für den Richter wahrscheinlich eine ebenso große Bürde wie für den Gerichteten. Versagen deshalb so viele Richter?
Gibt es variables Recht, um Schwierigkeiten aus dem Weg zu gehen?

Sprich mit keinem, bis du dir ein Urteil gebildet hast. Berühre das Metallkästchen jetzt nicht mehr. Es wird gleich heiß werden. Seine Innereien werden zerstört. Auch wenn der Schaum schmilzt, der es umgibt, es besteht keine Gefahr für dich! Nur, rühre vorerst nichts mehr an! Das Material wird sehr heiß! Du kannst gegebenenfalls das Fenster öffnen.
Wirf alles weg, wenn das Material kalt geworden ist! Es ist nicht mehr rekonstruierbar. Öffne das Kästchen keinesfalls! Es ist unter anderem Säure drin."
Walter saß wie paralysiert da. Er wollte aufstehen. Er wollte das Fenster öffnen. Es ging nicht. Er war eine Statue auf einem Thron, niemand hätte ihn entfernen können.
Walter glaubte ein leises Zischen zu hören. Das Zi-

schen einer Schlange. Ein Kreisel bewegte sich vor seinen Augen. Er wurde schneller und schneller. Immer schneller. Dann war er weg.
Vor Walter lag der unversehrte Karton. Nur der Inhalt hatte sich verändert. Aus dem glänzenden Kästchen und den glänzenden Metallplatten, die einmal Lautsprecher gewesen waren, waren jetzt in allen Farben schillernde, schrumpelige Teile geworden, die zwar noch ihre Grundformen andeuteten, aber völlig anders wirkten. Der Halteschaum war zu kleinen gelben Klümpchen geschrumpft.
Walter hielt die Hand darüber. Hitze hielt ihn ab, hinzugreifen. Walter stand auf und öffnete das Fenster. Es roch nach Bauschaum, den man mit einer Heißluftpistole geschmolzen hatte.
Walter sah zum Fenster hinaus.

**

Er grübelte immer noch: ‘Wer war der Absender der Botschaft? War es ein Mann? Eine Frau?‘
‘Es ist nur eine einzige Person! Hat sie gesagt! Aber mit einem Hintergrund, auf den sie zugreifen kann!‘
Zwischen den Gedanken nahm Walter jeweils einen Schluck Wein. Der wollte gar nicht schmecken.
‘Ich nenne die Person XY. In Gedenken an die Chromosome.‘ Der nächste Schluck war schon etwas angenehmer.
‘Sollte ich nicht lieber UC sagen. UC, das unbekannte Chromosom?‘ Der Wein schmeckte immer besser.
‘Wenn es sich doch um eine Gruppe handelt? Dann ist XY ein Verräter. Dann würde die Angelegenheit ge-

fährlich werden. Doch wer steckt dahinter?‘
Die Zeit verging wie im Flug. Ein Gedanke verdrängte den anderen.
Walter blickte zur Uhr. 23:16.
Er drückte den Korken auf die Flasche, trank sein Glas aus und ging ins Bad.

***

Das Treffen

Die S–Bahn fuhr an. Walter war froh, endlich im Warmen sitzen zu können. Draußen war es kalt und neblig. Das Tageslicht war seiner Zeit zwei Stunden voraus. Eigentlich war es den ganzen Tag nicht richtig hell geworden, ein novembriger Dezembertag, der sich jetzt am Nachmittag verabschiedete.
Walter hielt den Zettel in der Hand; den Zettel, den er am Morgen in seinem Briefkasten gefunden hatte; den, auf dem nur eine Anweisung stand, der ihm aber auch die Möglichkeit mitteilte, nicht zu erscheinen und in Zukunft nichts mehr zu erfahren.
Walter saß, wie ihm aufgetragen, im letzten Wagen – ganz hinten. Er war, so weit er blicken konnte, allein. Niemand war mit ihm in diesen Wagen gestiegen. Niemand war bereits da gewesen.
Wann sollte er jemanden treffen können, wenn er nach zwei Stationen schon wieder aussteigen sollte? An der nächsten Station?
‘An der übernächsten wird es unmöglich. Schichtende im Werk‘
‘Ist etwas dazwischen gekommen oder bin ich verladen worden?‘ Walter war hellwach. Er registrierte alles. Nichts sollte ihn überraschen können; was immer es auch sei.
Hätte er in die Bahn, die vor fünf Minuten mit Verspätung abgefahren war, steigen sollen? Er hatte die Anweisung bekommen: 14:58.

'Sie lautete nicht: 14:53.'
War XY so dumm, dass er die falsche Bahn genommen hatte? Nach seinem Verhalten bis zu diesem Zeitpunkt wäre ihm solch ein Fehler nicht unterlaufen. XYs bisherige Vorgehensweise schloss dies aus. Nein, ein derart törichter Fehler wäre XY nicht unterlaufen. Aber wo war er?
Walter nestelte an seinem Schirm. Dann hielt er ihn hoch und winkte, als wolle er jemandem in einer Menge signalisieren, er sei hier. Er tat, wie ihm befohlen. Ja, befohlen, so kam es Walter vor. Aber hatte es nicht auch geheißen, nur wenn viele Leute im Abteil sind, solle er den Schirm an die Haltestange hängen und sich daran festhalten. Von unsinnigem Winken war nicht die Rede gewesen.
Natürlich kam niemand aus der nicht vorhandenen Menge. Walter sah kurz zum Fenster hinaus, als wolle er seine Augen ablenken. Dann starrte er wieder durch den leeren Gang. Sollte er sich auf den Weg machen und nach der Person suchen?
Person, das war die richtige Bezeichnung. Jetzt fiel ihm wieder auf, dass er weder Geschlecht, Größe, Aussehen, Stimme oder sonst etwas über die Person wusste, mit der er sich treffen wollte. XY könnte doch auch eine Frau sein, diese Mörder–Person.
'Sie wollte mich treffen!' Wobei die Wortklaubereien Walter jetzt nicht weiter brachten. Außer der Existenz eines Plans und dem Monolog der Person wusste er gar nichts. 'Aber schon so was von gar nichts.'
'Eine Person kann man nicht aufgrund ihrer Gedanken erkennen. Und erst recht nicht, wenn man allein auf weiter Flur ohne diese Person ist.' Seine sporadischen

Beobachtungen der Autofahrer durch sein Fenster zu Hause kamen ihm wieder in den Sinn.

Beinahe hätte Walter übersehen, dass sich ganz am Ende des Ganges doch etwas bewegt hatte. Etwas, was jetzt schnell auf ihn zukam.

Ein dunkler, bodenlanger Mantel mit einer weißen Strickmütze und roten Locken stürmte auf ihn zu. Walter wich zwischen die Sitze zurück, als könne ihn das schützen. Nach einer hastig wischenden Handbewegung kam ein sommersprossiges Gesicht mit tiefen, braunen Augen zum Vorschein.

„Entschuldigung, ich bin am falschen Ende eingestiegen. Endstation. Letzter Wagen bei der Ankunft ist nicht letzter bei der Abfahrt“, keuchte es Walter entgegen.

„Ich ...“ Walter wusste nicht, was er sagen sollte. „Ich habe Sie mir ganz anders vorgestellt.“

„Ich Sie mir auch.“ Danach keuchte sie weiter und setzte sich. Dabei zog sie einen Schnellhefter unter dem Mantel hervor und reichte ihn Walter: „Die Daten. Ich hoffe, Sie sind zufrieden damit. Sonst arbeite ich sie gerne noch einmal nach.“

Walter sah sie mit weit offenen Augen und wahrscheinlich ebensolchem Mund an.

Die Bremsen quietschten.

„Danke. Das Geld ist eingegangen. Wenn Sie mich wieder einmal brauchen, melden Sie sich.“

Der Zug kam zum Stehen. Mit einem Danke–und–auf–Wiedersehen war sie durch die Türöffnung, die sich hinter ihr mit Zischen schloss. Die Bahn fuhr an.

Walter sah noch, wie sie sich umdrehte und den Ansatz einer Winkbewegung machte. Dann war sie weg

und er wieder allein.
'Sehen so Mörder aus?' Walter wachte aus seiner Starre auf. 'War das Zeitraffer gewesen?'
Statt der erhofften Antwort hatte Walter nun Fragen. Fragen, Fragen, Fragen. Und einen Schnellhefter.
Walter schlug ihn auf.

Welche Schuld tragen Firmen an der skrupellosen Ausbeutung von Allgemeingut zum eigenen Vorteil und absoluten Nachteil der Ausgebeuteten mit drei Beispielen?

Welche Mitarbeiter tragen welche Schuld und was ist im Besonderen ihre persönliche moralische Schuld?

Inwieweit und unter welchen Gesichtspunkten ist Schuld entstanden?

Eine Abhandlung (Kurzform) von Denise und Marc

'Wird wohl Denise gewesen sein? Und Marc der Komplize!' Walter las die erste Seite noch einmal, Wort für Wort.
Die Bremsen quietschen wieder. Der Zug kam zum Stehen.
Binnen Sekunden war er voll. Walter versuchte vergeblich zur Tür zu gelangen. Mit Zischen schloss sie.
Der Zug fuhr an.
Wehmütig blickte Walter zu seinem verlorenen Sitzplatz. Er kämpfte sich weiter zur Tür durch. 'Bei der nächsten!'

**

Walter saß wieder daheim. Er war die eine Station mit der nächsten Bahn zurückgefahren, dann umgestiegen und nun zu Hause angelangt.
Er war beschäftigt gewesen, auf die Durchsagen und Bahnhofsschilder zu achten, um ja nicht noch einmal zu weit zu fahren. Er hatte keine Zeit gefunden, sich Gedanken über den Zweck seines Ausflugs, das Geschehene, die Neuordnung seiner Schlüsse und seine Unwissenheit zu machen. Dies wollte er hier und jetzt tun, die Beine hochgelegt bei einem Glas Roten.
Er hatte sich gerade hingesetzt; sein erster Gedanke war im Anmarsch, als das Telefon klingelte.
„Wo bist du denn? Ich habe schon vor einer viertel Stunde versucht, dich zu erreichen."
„Ich war weg. Darf ich doch. Ich habe mein Handy vergessen gehabt."
Walter wies seine Mutter ab. „Ich habe jetzt keine Zeit. Muss für morgen noch einiges vorbereiten. Gibt es etwas Wichtiges?"
„Nein, nein. Ich wollte nur wissen, wie es dir geht."
„Gut." Walter legte auf. Im selben Augenblick tat es ihm leid. Doch er war nicht in der Lage mit irgendjemandem zu reden. Er wollte erst für sich Klarheit schaffen. Um weitere Störungen zu vermeiden, steckte er das Handy zwischen die Polster des Sofas und legte sicherheitshalber noch eine Wolldecke darüber.
'Ist diese zierliche junge Frau in der Lage kaltblütig einen Mord zu begehen? Gedanken hat sie sich darüber gemacht. Oder nur über die Opfer?'
'Wer ist sie?'
'Warum hat sie mir den Ordner gegeben? Wieso mir?'
'Woher kennt sie mich? Kenne ich sie?'

‘Warum ist sie so schnell ausgestiegen?‘
‘Sie hat ihren Namen preisgegeben. Wobei der falsch sein kann. Aber sie hat mir ihr Gesicht gezeigt. Ich würde sie wieder erkennen. Ist sie sich so sicher, dass ich nichts veröffentlichen werde, dass ich nicht zur Polizei gehe?‘
‘Warum erzählt sie mir dann alles? Wozu?‘
Walter hatte bei jeder zweiten Frage sein Glas nachgefüllt; nicht weil er so lange Pausen gemacht hätte. Er hatte zu schnell getrunken. Der Wein beantwortete seine Fragen nicht, aber er ließ sie in größere Entfernung entschweben und während Walter die fast leere Flasche betrachtete, holte ihn der Alkohol nach.

Walter blickte zur Uhr. 22:17 könnte es heißen. Er erkundete die verschwommene Umgebung und setzte sich auf, nachdem er vertrautes Terrain erkannt hatte.
Allmählich kamen die Bahnfahrt, die junge Frau und der Hefter in sein Gedächtnis zurück. Auf dem Tisch standen zwei leere Flaschen und das Glas mit Weinstein und etwas roter Masse. Am Boden lag der Schnellhefter. Auch er schien etwas vom Wein mitgetrunken zu haben.
Walter streckte seine Hand aus mit dem Ergebnis, dass er vom Sofa rollte und auf dem Boden lag. Dies wirkte wie ein Kübel Wasser. Walter war hellwach. Mehrmaliges leichtes Zucken und Stechen in seinem Kopf erinnerte ihn an die letzten Stunden. ‘Nie wieder Wein; auf nüchternen Magen; wenigstens nicht so viel; vielleicht ein Glas.‘
Das Umblättern der Seiten machte Schwierigkeiten, wurde mit der Zeit aber besser. Walter konzentrierte

sich und je weniger die Stiche im Kopf wurden, desto mehr verstand er das Gelesene.
Er schlug noch einmal zur ersten Seite zurück. Dort stand der Titel und die beiden Namen. Dann klappte er die letzte Seite auf. Hier fand er, nach was er suchte. Mit jedem Glas Wein hatte er diesen Punkt mehr aus den Augen verloren, die Namen und die Adresse der Verfasser. Sein gewohnt logisches Denken nahm Fahrt auf.
'Wenn jemand seinen Namen angibt und seine Adresse, dann ist er kein Mörder! – Oder extrem dumm.'
Dumm hatte der Rotschopf nicht ausgesehen. 'Dass sie am verkehrten Ende in den Zug gestiegen ist, mag weiblich sein, aber nicht dumm!'
'Warum war sie so schnell ausgestiegen? Warum bin ich zu weit gefahren? Vielleicht wohnt sie da.'
Walter blickte noch einmal auf die Adresse. Die Straße kannte er nicht. 'Die findet meine App.'
Walter kramte in seinen Taschen nach seinem Handy; er schaute unter das Sofa. Wahrscheinlich wollte es nicht von Walter angehaucht werden, denn es blieb unsichtbar. 'Dann eben nicht!'
'Feststellung: Die Rote war nicht die erhoffte Person! Sie ist nicht XY! Die Rote hat ihre Adresse hinterlassen! Und' – jetzt realisierte Walter, dass rechts unten auf der Seite eine Ziffernfolge mit Bindestrich stand – 'ihre Telefonnummer!'
Wer war sie? Walters Drang sie anzurufen war groß, doch er entschloss sich, erst alles zu lesen. Was hätte er fragen sollen? Nach ihrem Namen? 'Kannst du lesen', würde sie antworten. Bei der Frage, was der Inhalt des Hefters sei, würde sie sagen 'Blätter'; und auf

die Frage was draufsteht, wäre ihm die Lese–Antwort noch einmal um die Ohren geflogen. Also alles der Reihe nach.
Walter holte sich ein Glas Wasser aus der Küche. Als er schon fast saß, schnellte er hoch und holte die ganze Flasche. Dann fing er zu lesen an.

Mit jeder Seite stiegen seine Zweifel und eine innere Unruhe an. Er hatte sich zwar vorher schon mit Themen wie den 'Handelsabkommen' beschäftigt, aber nur am Rande, in Stammtisch-Manier. Er war nicht unbedingt Freund der Abkommen, er fühlte sich nur marginal betroffen. Was er hier zu sehen bekam, machte ihm jedoch klar, dass auch er Betroffener sein wird. Es ging um seine und aller Zukunft. Eine Bereitschaft zu einem Zusammenschluss erfüllte ihn.
Manche Sätze beschäftigten ihn lange, sehr lange.

> Die politische, demokratische Macht wird per Vertrag an kommerzielle, demokratisch nicht beeinflussbare, zum Zeitpunkt des Inkrafttretens noch unbekannte Machthaber abgegeben.

Das hieß nichts anderes, als über Hintertürchen die Macht auf der Welt neu zu verteilen.
'Ein Offenbarungseid der Regierenden! Gleichen sie sich nur den bereits bestehenden Fakten an? Legitimieren sie damit ihr Versagen?'

> Die Demokratie wird verkauft zum Nutzen weniger und um den Rest der Welt auszuschließen.

Und

> Die Zukunft sollte ein Miteinander ALLER sein, nicht das Sichern des größten Kuchenstücks!
>
> Ausgrenzung schafft Unfrieden und Unruheherde.

Am meisten machte ihm der Gedanke zu schaffen:

> Diese können dann mit 'rechtlichen', wahrscheinlich eher

> mit ‘militärischen‘ Mitteln vernichtet werden. Ist das der Plan? Eine Dezimierung der Weltbevölkerung.

Entsetzen verdrängte die Unruhe. Eine Verschwörung gegen die Menschheit? Das ging Walter dann doch zu weit. Nicht jeder Unfug und jedes Verbrechen war eine Verschwörung.

‘Ist XY hinter jemand aus der Politik her? Die Abkommen sind doch noch gar nicht ratifiziert. Verhindern kann er sie mit dem Ausschalten einer Person nicht. Oder will er die Regierenden gleichzeitig in die Luft sprengen?’

Dann fiel ihm ein, dass das Attentat seine Wirkung nicht ausspielen werden könne, da in den Sitzungen immer nur ein paar Politiker anwesend sind; manchmal mehr Zuschauer. Sprengen war unsinnig. Vergasen? – ‘Damit gibt es Erfahrungen bei uns.’

‘Den Satz habe ich nicht gedacht!’

Es half nichts, der Gedanke war frei. Hoffentlich entschwand er möglichst bald.

Ein Satz gab ihm dann den Rest:

> Es hat den Anschein, als können Regierungen ohne Volk auskommen, aber nicht ohne die Wirtschaft.

Eigentlich konnte nur noch ein Glas Wein helfen, doch Walter verkniff es sich. Der Alkohol würde morgen noch oben auf sein. Ein Glas war kein Glas. Dies galt auch für Flaschen. Er wollte einen klaren Kopf behalten.

Walter legte den Hefter auf den Tisch und schaltete den Fernseher ein.

***

Besuch der Mutter

Schlaftrunken öffnete Walter die Tür.
„Hallo, Kind! Brötchen, Semmeln, Schrippen, Weckli!“ Eindeutig zu laut drang die fröhliche Stimme seiner Mutter in Walters Kopf.
Er grummelte etwas, das verständlich gesprochen ein 'Morgen‘ hätte sein können, gefolgt von einem deutlicheren ‘Kim‘ und einem klaren ‘Du‘, welches das jeweilige Ausrufe- und Fragezeichen beinhaltete.
Kim kannte ihren Sohn; seit einunddreißig Jahren. Walter war ein Morgenmuffel, immer schon gewesen. Wenn es jedoch drauf ankam, war er präsent, zu jeder Tages- und Nachtzeit.
„Du hättest anrufen können. Es ist doch noch Nacht.“ Da kam es Walter von unten, ganz weit unten aus dem Gedächtnis. „Hast du nicht vorgestern schon einmal angerufen? Du bist schon zurück? Haben sie dich raus geschmissen?“
Kim schloss die Wohnungstür, die er geistesabwesend aufgelassen hatte, und folgte Walters in den Raum gesprochenen Worten.
Sie vernahm ihr wohl bekannte Geräusche aus dem Bad und dann die Spülung. Als Walter in die Küche trat, empfing sie ihn mit einem mütterlichen Lächeln: „Das wievielte Getränk war denn gestern schlecht?“
Sie wusste, dass ihr Sohn das nicht beantworten konnte und wahrscheinlich auch nicht wollte. Ohne eine Antwort abzuwarten, fuhr sie fort:
„Erstens: Was heißt ‘Ich hätte dich anrufen können.‘

Ich habe! Vorgestern. Du hast mich freundlich abblitzen lassen. Gestern und heute vor einer halben Stunde. Du hast bei deinem 'Meeting'" – 'Meeting' klang eindeutig spöttisch – „sicher dein Handy ausgeschaltet gehabt. Oder war es ein Rendezvous? Du musst dich nicht rechtfertigen. Solche Nächte habe ich auch schon erlebt."

Da fiel Walter wieder ein, wo er sein Handy hatte. Gestern war der erste Tag, seit wann auch immer, an dem er ohne Handy ausgekommen war. Er hatte es nicht finden können.

Im Sofa. Er schob seine Mutter beiseite und holte es heraus, während sie weitersprach.

„Zweitens: Es ist zwar noch nicht richtig hell, aber die Nacht ist vorbei; wenigstens bei dem Vogel ..."

Walter vervollständigte: „der Würmer mag."

Kim kannte sein Ende des Spruchs, nickte zustimmend, lächelnd.

„Gestern war ich nicht weg, zu deiner Beruhigung. Ich war und bin nüchtern. Ich bin nur müde, wenn ich nicht aufstehen muss. Heute ist doch Sonntag? Ich habe vorgestern mein Handy verlegt und es nicht mehr gefunden. Eben ist mir eingefallen, wo ich es hingelegt habe."

Kim wollte etwas antworten, doch Walter redete weiter: „Und drittens?" Er wollte es eigentlich nicht wissen. Er war im Augenblick nicht auf fremde Probleme geeicht.

Kim amüsierte die Situation. „Niemand hat mir gekündigt. Der Dreh ist im Kasten. Das Projekt ist abgeschlossen. Wir sind zwei Tage zu früh fertig geworden. Heute gibt es noch eine Party. Wenn ich es richtig

mitbekommen habe, liegt auch finanziell das Haben unter dem Soll. Ich habe dich vorgestern und gestern Abend angerufen, aber der Herr...“
Kim war sich nicht ganz sicher ob Walter noch zuhörte. Er bereitete den Kaffee und deckte den Frühstückstisch – für beide.
„Ich genieße das Leben. Es war richtig in Frühpension zu gehen. Der Dienst war immer unerträglicher geworden. Schnappst du einen, lassen ihn die Richter laufen. Weil er jemanden kennt, der in der Familie einen hat, der eine schlimme Kindheit gehabt hatte. Wenn du ihn wegen eines neuen Delikts wieder ablieferst, muss wenigstens einer seiner eigenen Familie eine schwere Kindheit gehabt haben. Mit Freispruch kann er rechnen, wenn er selber der Betroffene war. Macht das Spaß? Und das Klima auf dem Revier.“
„Kim, ich kenne deine Probleme. Die sind vorbei!“
„Ja, ich bin meine los. Wieso, hast du auch welche? Sag schon, was ist es.“
Walter wich hörbar aus: „Nichts. Ich habe keine.“
„Sagt der Sohn zur Mutter.“
„Erzähl von deinen Abenteuern beim Dreh.“ Walter setzte sich an den Tisch und beide begannen mit dem Frühstück.
„Als Mutter erzählt man seinem Sohn nicht von seinen Abenteuern. Außerdem hatte ich keine. Nicht einmal auf die Besetzungscouch musste ich.“ Kim lachte. Walter wollte eigentlich nichts hören. So warf er auch kein ‘durfte‘ ein. Ihm wäre am liebsten gewesen, seine Mutter wäre wieder gegangen. Diesen Gefallen tat sie ihm aber nicht. So hatte er einiges zu tun, die Gedanken um XY und das Geplauder seiner Mutter den ent-

sprechenden Hirnregionen zuzuordnen.
„Visagisten brauchen nicht auf die Couch – glaube ich. Bernd nimmt mich auch so. Er will mich wieder haben, bei seinem nächsten Projekt.“
„Ihr seid schon beim ‘Bernd‘?“ Das zweideutige Nimmt–mich–auch–so wollte er nicht kommentieren. Schließlich saß seine Mutter vor ihm.
„Ich kenne ihn schon seit mehr als einem Jahr; seit wir damals den Drehort abgesichert haben.“
„War er dereinst schon Bernd?“
Kim entfuhr ein Kichern, wegen ‘dereinst‘ und wegen ‘Bernd‘.
‘Wie ein Schulmädchen‘, dachte Walter. Er wäre froh gewesen, wenn seine Mutter wieder eine Beziehung gehabt hätte. Gesellschaft hatte ihr jedes Mal gut getan, nachdem sie aus dem Polizeidienst ausgeschieden war. Aber Kim verbrachte lieber ihre Zeit allein. Dies hatte sich von einem Tag auf den anderen geändert, als sie erfahren hatte, sie könne bei der Produktion mitmachen. ‘Es steckt dieser Bernd dahinter. Oder ein anderer der Crew.‘
Kim hatte irgendetwas weiter erzählt. Walter schreckte auf. Kims Zeigefinger klopfte auf seine Hand.
„Hörst du mir überhaupt zu? Was ist los mit dir? War der gestrige Abend so schlimm?“
‘Wenn sie nur wüsste.‘
„Oder recherchierst du etwas?“
Jetzt hieß es, nichts Falsches sagen. Der Mörder, denn er bereits einer war, oder der in spe, hatte ausdrücklich gesagt, er solle niemandem etwas mitteilen, bis er alles wüsste. Erst dann solle er sich ein Urteil bilden. Dann habe er freie Hand. Mit Sicherheit hatte er auch

die Verwandtschaft gemeint mit ‘Niemand‘.
Walter deutete auf seinen vollen Mund und winkte mit der Hand ab. Sonst war es ihm eher egal, ob der Mund wirklich leer war. Jetzt gab es ihm etwas Zeit zum Nachdenken.
Kim kannte ihren Sohn und fragte ungeniert weiter: „Du hast doch etwas auf dem Herzen. Eine schwierige Recherche? Gar etwas Gefährliches?“
Wenn sie jetzt Kinder wären, müsste Walter sagen ‘heiß‘. Walter war froh, dass sie keine Kinder mehr waren. Aber was sollte er antworten. Er nahm einen Schluck Kaffee.
„Was soll in der Sparte Gesellschaft und Tratsch gefährlich sein? Mir geht es gut.“
Kim wäre nicht Walters Mutter gewesen, wenn sie sich damit zufrieden gegeben hätte. Sie wollte nun erst recht wissen, was Walter ihr verheimlichte. „Vielleicht geht es nicht um Gesellschaft und Tratsch, wie du es nennst. Was ist?“
„Ich arbeite an einem komplizierten Artikel. Mehr kann ich noch nicht sagen.“
„Lass mich lesen, was du schon hast.“
„Ich habe noch nichts.“
„Und was ist dann so schwer daran? Die Recherche? Ich könnte dir helfen, ich habe jetzt Zeit. Unser nächstes Projekt startet erst in zwei Monaten und dauert nur zwei Wochen. Dann könnte ich dir wieder helfen.“
Walter unterbrach sie: „Was heißt hier ‘unser‘? Du bist Visagistin bei einem Freund. Oder ist da doch mehr mit deinem Regisseur?“
„Ich bin deine Mutter und kein Auskunftsbüro. Aber ich kann dich beruhigen. Es ist nicht Frühling und ja,

wir sind Freunde. Außerdem hat er Frau und Kinder. Wobei – das noch nie ein Grund war. Bei anderen! Er schätzt meinen Blick für Details und meine Begabung Unstimmigkeiten zu erkennen. Jetzt bist du mir noch eine Antwort schuldig."
Walter konnte nicht mehr aus. „Gut. Mir wurde etwas zugetragen und ich bin nicht sicher, ob es wahr ist und wenn ja, ob ich darüber schreiben soll. Ich bin mir völlig unsicher."
„Verspricht es eine spannende Geschichte zu werden?"
„Das ist ja mein Problem. Ich weiß nicht, was ich von der Sache halten soll. Vielleicht will mich nur jemand auf den Arm nehmen. Wenn es dumm hinausgeht, will mir jemand schaden und wartet nur darauf, dass ich mich lächerlich mache. Vielleicht steckt aber auch mehr dahinter. Vielleicht ein Psychopath."
„Bei einem Psychopathen würde ich zur Polizei gehen."
„Vielleicht will er das, dass ich mich lächerlich mache. Ruck-zuck bist du in der Psychiatrie."
„Glaubst du nicht, du übertreibst jetzt?" Kim legte ihre Hand auf die von Walter. „Bedroht dich jemand?"
„Nein, nein – glaube ich – nein!"
„Jetzt machst du mich aber neugierig. Erzähl! Wenigstens eine Andeutung, um was es geht."
„Nein. Ich werde jemand anderen frühestens einweihen, wenn ich mir sicher bin, dass ich schreibe – oder nicht. Solange erfährt niemand etwas. Ich mach mich doch nicht lächerlich."
„Glaubst du, du würdest dich vor mir lächerlich machen?"

„Nein. Aber auch du fällst dem Prinzip zum Opfer. Deshalb erfährst auch du nichts.“
Walter blickte seine Mutter an. Die nickte verständnisvoll oder mitfühlend: „Ich bin aber die Erste, die erfährt, um was es geht; vor Polizei und Presse!“
Walter war erleichtert. Er wusste nicht, ob der Satz eine Aufforderung oder Frage war, vielleicht beides. „Ja. Du bist die Erste, die es von mir erfährt. Wenn nicht andere schneller sind.“
Kim drückte die Hand ihres Sohnes leicht, dann ließ sie los. „Ok.“
Sie stand auf: „Ich werde jetzt gehen und dich deinen Überlegungen überlassen. Ich komme wieder.“
„War das eine Drohung?“
Beide lachten. Die Spannung wich von Walter. Er begleitete seine Mutter noch zur Tür.
Er half ihr in den Mantel. „Wusste wohl nicht, ob es ein Mantel oder ein Anorak werden will. Wegen der Länge. Schön auffällig das Ding. Nette Leuchtfarbe.“
„Ja, den hab ich von Bernd. Am Set war er Mode. Orange wird in der Nacht weit gesehen, zum eigenen Schutz. Und wenn du nicht auffallen willst, steckst du die Ärmel durch und kannst ihn gedreht in dezentem Schwarz tragen.“ Sie zeigte es ihm und ließ sich dann helfen.
„Mit dem gelben Schal als Signalwirkung.“ Walter warf ihn schwungvoll über den Kopf seiner Mutter und knotete ihn lose. Mit „Falscher Verein!“ schob er sie hinaus und schloss die Tür. Dann war er allein.

***

Im Café

Walter rutschte mit den Knien auf dem Parkett im Wohnzimmer herum. ‘Irgendwo muss er doch sein.‘
Der Zettel mit der Telefonnummer war unauffindbar.
Draußen wurde es heller. Walter blickte zur Uhr. Dienstag 9:27.
Der Regen hatte aufgehört, die Wolken sich verzogen. Die Wintersonne überstrahlte das fahle Licht von der Zimmerdecke.
Walter begann zu zweifeln, ob er die Telefonnummer der Rothaarigen wirklich auf einen Zettel geschrieben hatte. ‘Wie hieß sie doch gleich wieder?‘
‘Ganz schön dumm. Sie hat ihren Namen doch auf den Bericht geschrieben, und die Telefonnummer auch.‘
Walter rutschte zum Tisch, sein Handy immer noch in der Hand. Dann zog er sich hoch. ‘So stelle ich mir das Leben vor, wenn ich achtzig bin.‘ Er schüttelte den Kopf und hätte sich wahrscheinlich gescholten, aber die Telefonnummer beschäftigte ihn stärker.
Er nahm den Hefter, den er vorher vom Tisch auf das Sofa und zurück gelegt hatte. Dabei fiel der verflixte Zettel heraus. Wie zum Trotz ignorierte Walter ihn und ließ ihn mit einem verächtlichen Blick unter dem Tisch liegen.
Mit dem Daumen wählte er die Nummer. ‘Denise. Ein hübscher Name.‘
Niemand hob ab. Dann kam die Ansage: „Der Teilnehmer ist zur Zeit nicht erreichbar. Sie können

ihm ..“
Er drückte auf das rote Hörersymbol. „Du mich auch!“

Walter lag auf dem Sofa. Die Beine über die Armlehne hängend sah er zum Fenster hinaus. Die Dämmerung begann ihren täglichen Kampf mit der elektrischen Beleuchtung. Auf der gegenüberliegenden Flussseite reflektierten die Häuser auf der Anhöhe oranges Licht, während die unten am Fluss bereits im Halbdunkel lagen. Sie schickten nur die hellen Flecken der Fenster und der Straßenbeleuchtung herüber.
Walter blätterte immer noch in den Papieren. Er hatte sich den ganzen Tag damit beschäftigt und Passagen wieder und wieder gelesen. Auch an Denise und ihre Sommersprossen hatte er gedacht.
Die aufgeführten Personen hatten mit Sicherheit mehr Schaden angerichtet, als es den Papieren zu entnehmen war. ‘Es waren eben nur Beispiele und eine Zusammenfassung!‘
Walter wurde sich immer sicherer, von den drei hierin Beschriebenen war keiner das Opfer. Sie sollten nur veranschaulichen, welche Gedanken sich ein Täter macht und warum er ins Recht eingriff. Es waren Fälle, wo recht und gerecht das Gegenteil ausdrückten, wie weise und ?
‘Was ist eigentlich das Gegenteil von weise? Dumm? Einfältig? Nein. Dämlich, das trifft es eher.‘
‘Doch wer ist Denise?‘
‘Wenn sie nicht XY ist, wer ist es dann? Kennt Denise ihn? Er Denise?‘
Je mehr sich Walter Gedanken machte, umso größer

wurde der Berg mit Fragen. Er blickte auf den Boden neben dem Tisch und stellte sich den Haufen vor; Breite, Höhe, Farbe, Form.
Gedankenverloren drückte er auf die Wahlwiederholung.
„Hallo, hier ist die Denise."
„Ja." Walter war perplex, fing sich aber schnell. Er hatte nicht gerechnet, dass sie diesmal dran ging, nach so vielen vergeblichen Versuchen. „Wir kennen uns aus dem Zug."
„Ist zu plump!"
Das Gespräch war zu Ende. Walter nahm das Handy vom Ohr, blickte es ungläubig an und wollte es gerade schütteln, wie er es in solchen Fällen immer tat, als ihn seine Stimme unterbrach. „W i e   b i t t e ?"
Walter brauchte ein wenig, um zu realisieren, was gerade geschehen war. Dann fasste er erneut Mut und versuchte es noch einmal. Denise nahm das Gespräch nicht an. 'Sie ignoriert mich!'
Dann versuchte er es noch einmal, mit Nummernunterdrückung.
„Hallo, hier ist die Denise." Ihre Stimme klang fröhlich wie im Zug.
„Ihre Abhandlung, die Sie mir gegeben haben!" Walter war überzeugt, noch nie so schnell gesprochen zu haben. Etwas langsamer fügte er hinzu: „Wir kennen uns aus dem Zug. Gestern! Wobei 'kennen' zu viel gesagt ist."
„Oh, ja. Haben Sie gerade eben schon einmal angerufen?"
„Ja, das war ich. Aber Sie haben gleich wieder aufgelegt und sind dann nicht mehr dran gegangen."

Ihre Stimme war wesentlich leiser und klang schuldbewusst; „Entschuldigen Sie. Ich wusste nicht, dass Sie es sind.“
„Wenn Sie so schnell auflegen, werden Sie nie erfahren, wer Sie anruft.“
„Entschuldigen Sie bitte noch einmal. Ich hielt Sie für jemand anderen. Ich werde zur Zeit öfter von Leuten angerufen, die mich bedrängen. Um es nicht zu drastisch auszudrücken.“
„Ich wollte Sie nicht bedrängen. Es klingt jetzt daraufhin zwar etwas dumm und ich schicke voraus: Nur wegen Ihrer Arbeit, die Sie mir in der Bahn gegeben haben, deshalb will ich Sie kennen lernen.“
Walter hörte ein Schlucken. „Ich weiß nicht, was Sie noch von mir wollen. Sie haben Ihre Arbeit. Mehr war nicht ausgemacht. – Wobei, die Bezahlung war gut. Wollen Sie noch mehr Details?“
Walter wusste nun gar nicht mehr, was er fragen wollte. Hier passte etwas nicht zusammen.
„Es stimmt, dass ich die Arbeit bekommen soll. Ich finde sie, die Arbeit, auch sehr interessant. Aber warum haben Sie sie mir gegeben? Wer hat Sie beauftragt? Sie sind doch beauftragt worden?“
Ein Moment der Stille trat ein.
„Oder?“
„Haben nicht Sie mich beauftragt?“ Ihre Stimme klang sehr verwundert.
„Nein! Aber sie war für mich bestimmt. Der Adressat ist schon richtig.“
„Ich verstehe nichts mehr. Wer war dann mein Auftraggeber?“
„Ich glaube, die Sache ist zu kompliziert, um sie hier

am Telefon zu besprechen. Wollen wir uns nicht irgendwo treffen. Sie bestimmen den Ort."
Wieder entstand eine kurze Pause. Dann sagte Denise: „Ja, wir sollten uns vielleicht treffen. Sie haben mich jetzt neugierig gemacht."
„Und wo? Wann?"
„Kennen Sie das Café gegenüber vom Rathaus?"
Walter kannte es. „Im ersten Stock."
„Ja, das meine ich. Mit Blick auf den Platz und die Touristen."
„Gut und wann?"
„Heute, am Abend, halb neun? Dann ist nicht mehr viel los dort. Sie schließen um zehn. Reicht die Zeit?"
Walter überlegte kurz und da er nicht vor hatte, zu viel zu verraten, hielt er die Zeit für ausreichend. „Ja, halb neun. Und wenn Sie eher dort sind, ein Fensterplatz wäre mir lieb."
„Das ist zu diesem Zeitpunkt vielleicht sogar machbar. Bis später."

**

Walter saß am Fenster. Er war schon vor acht angekommen. Natürlich waren alle Tische an der Fensterfront belegt gewesen. Er hatte einen hinten an der Wand bekommen, den er aber nach einer Tasse Kaffee wieder verlassen und sich an die Eingangstür gestellt hatte.
Das Glück war mit ihm. Kaum stand er da, war der hinterste Tisch in der Fensterreihe frei geworden. Er hatte sich dort sofort niedergelassen.
Walter bestellte einen Irish Coffee und blickte hinun-

ter auf den Platz. Das Gedränge auf dem Weihnachtsmarkt ließ allmählich nach. An den Glühwein- und Bratwurstständen ging es hoch her, als gelte es, den Restalkohol für morgen zu erhöhen.
Viel Polizei stand in Gruppen herum, sie mussten nicht eingreifen. Die auswärtigen Schlachtenbummler ließen sich nichts zu Schulden kommen. Walter empfand ihre Gesänge als passende Ergänzung zu dem weihnachtlich kaschierten Kommerzrummel. Da wollte er die Hand nicht umdrehen.
Die Kellnerin kam vorbei. Es duftete stark nach Zimt. Walter blickte sie fragend an.
„Kommt gleich!“, war ihre Antwort.
Walter sah hinüber zum Rathaus und dem Christbaum, den sie mehrere hundert Kilometer herangefahren hatten. Er überlegte, wie viel Strom die Beleuchtung allein dieses Baumes wohl in den vier Wochen bis Weihnachten kosten werde.
„Ich warte nur noch, dass sie ihn künstlich beschneien.“
„Wie bitte?“ Die Bedienung stellte seinen Irish Coffee auf den Tisch. „Darf es sonst noch etwas sein?“
„Nein, danke.“ Walter deutete auf den Baum. „Was halten Sie davon, wenn der Baum künstlich beschneit würde?“
Die Kellnerin zog die rechte Augenbraue hoch: „Es ist doch viel zu warm dafür. Aber sagen Sie es nicht zu laut. Die machen das sonst noch.“ Lachend wandte sie sich ab und nahm das Geschirr vom Nebentisch. Sie blickte noch einmal über die Schulter. Doch Walter sah schon wieder hinaus.
Ein Zeigefinger klopfte fast unhörbar auf den Tisch.

Walter schreckte hoch.
Denise stand vor ihm. „Ich habe Sie doch nicht erschreckt? Ich bin etwas früher dran. Aber wie ich sehe, sie noch mehr.“
Sie legte ihren Mantel über die Lehne des dritten Stuhls und nahm Walter gegenüber Platz. Die Kellnerin stellte ein Glas dampfenden Tees auf den Tisch.
„Ist eine gute Idee. Ich werde sie drüben“ – sie wies mit der Nase in Richtung Rathaus – „mal zur Sprache bringen.“ Dann ging sie.
Walter rief ihr gedämpft nach: „Nein, tun Sie das nicht!“ Es war jedoch laut genug, dass sich ihm von manchen Tischen Köpfe zuwandten.
„Habe ich etwas versäumt?“ Das war wieder Denises fröhliche Stimme.
„Glaube ich nicht. Ich habe nur im Spaß vorgeschlagen, dass man den Christbaum künstlich beschneien könnte. Es war aber nur ein absurder Gedanke, nicht ernst gemeint.“ Walter grinste.
„Dann sollten Sie ihn auch nicht äußern. Nur das Unsinnigste wird heutzutage getan. Es kann gar nicht abwegig genug sein.“
„Das sagen Sie in Ihrem Alter? Sie müssten doch eher solch skurrile Denkweisen an den Tag legen.“ Walter ließ sofort eine Entschuldigung folgen.
Denise gab Kontra. „Die Jugend ist nicht mehr so. In Ihrer Zeit mag das so gewesen sein. Wir heute machen uns mehr Sorgen als die Leute vor fünf oder zehn Jahren.“
Das hatte gesessen. ‘Die ist doch keine zehn Jahre jünger als ich. Sind zehn Jahre inzwischen eine Generation?‘ Walter nippte an seinem Coffee. Er wollte

nun endlich wissen, welche Rolle Denise in dem Spiel hatte.
Er begann unauffällig: „Sie sind im Zug so schnell verschwunden?“
„Ja, so war es abgemacht. Ich bin dort abgeholt worden. Ich sollte Ihnen nur die ausgedruckte Version geben. Ich glaubte, dass es nichts zu besprechen gibt, bevor Sie es gelesen haben. Vor zwei Tagen war ich der Überzeugung, Sie hätten mich beauftragt. Aber anscheinend liege ich da falsch. Ich finde die Sache komisch, mysteriös.“
„Sie sollten mir erzählen, wie Sie an den Auftrag gekommen sind.“
Denise sah Walter längere Zeit an, als wolle sie erst herausfinden, ob sie auf den Arm genommen wurde. Dann blickte sie im Raum umher.
Walter befreite sie aus ihrer Lage: „Hier sind keine versteckten Kameras. Ich habe auch schon daran gedacht. Wenn wir beide danach suchen, hat sie sicher keiner von uns versteckt.“
„Das klingt logisch. Aber ein mysteriöser Dritter hätte es tun können.“
Walter überlegte kurz. ‘Das könnte sein. Das Klingeln an seiner Wohnungstür, am Tag als das Päckchen ankam. Der Anruf auf der Terrasse im Büro. Warum nicht eine versteckte Kamera hier?‘ Zu Denise sagte er jedoch:
„Woher hätte er wissen können, dass und wann wir uns treffen.“
„Und welchen Tisch wir haben werden“, steuerte Denise bei.
„Wer hat Ihnen den Auftrag gegeben?“

„Es war ein Aushang in der Uni. Mich hat die Aufgabenstellung gereizt. Es ist eine Ergänzung zu meiner Abschlussarbeit, da sich die Themen teilweise überschneiden. Und es gab gutes Geld obendrein."
Walter wollte fragen, wie viel es gewesen sei, unterließ es aber, da er keinen Nutzen in dem Wissen sah.
Er sah zum Fenster hinaus und machte eine kurze Pause, als müsse er überlegen, wie er fortfahren solle.
„Was war der Zweck der Arbeit? Ich meine: Wurde Ihnen mitgeteilt, was mit der Arbeit später geschehen solle?"
Denise sah Walter an: „Nein, es stand nur das Thema drauf und es müsse bis zum 28.11. fertig sein."
„Wie viel Zeit hatten Sie?"
„Am 20.9. habe ich den Aushang gesehen. Er kann erst kurz da gewesen sein. Bei der Summe für dreißig Seiten hätten viele zugegriffen. Was eigenartig war, es stand dabei, dass man den Zettel mitnehmen soll, wenn man die Arbeit übernehme."
„Und wie haben Sie einen Kontakt zu der Person hergestellt?"
„Es war eine Mailadresse aufgeführt."
„Und die haben Sie angeschrieben? Haben Sie die Adresse noch?"
„Ich müsste sie noch auf meinem Rechner haben. Aber was interessiert Sie das?"
Walter wusste nicht, was er verraten konnte oder sollte. Erst wollte er einen Überblick gewinnen, was hinter dem bisher Geschehenen und seinen Informationen steckte.
„Übrigens dürfte Ihnen die Mailadresse nichts mehr nützen."

„Wieso?“ Walter runzelte die Stirn.

„Weil sie nicht mehr existiert.“

„Und woher wissen Sie das? Ist eine Mail zurück gekommen?“

„Nein, noch nicht. Aber ich bekam vor zwei Tagen eine Mail, dass die Sache abgeschlossen sei. Vielen Dank, usw. Und, die Mailadresse sei ab heute, also vor zwei Tagen, nicht mehr benutzbar, da sie aufgelöst werde und der Absender Bolivien verlasse.“

„Was heißt ‘der Absender‘?“

„So war der Wortlaut. Es klang als hätte jemand anderes die Mail verfasst. Eine Hilfskraft, ein Bürotant.“

„Stand nie ein Name dabei?“ Walter vermutete die Antwort.

„Nein. Ich war von Anfang an der Meinung, es handle sich um irgendeine wissenschaftliche Zuarbeit. Die Mailadresse hatte fünf Buchstaben, Bindestrich und Research im Domainnamen. Die Buchstaben weiß ich nicht mehr genau. Das Länderkürzel war ‘bo‘, für Bolivien.“

„Sie haben den Mailverkehr doch sicher noch auf Ihrem Rechner?“

„Nein, leider nicht. Sie sind weg.“

„Was heißt weg? Haben Sie sie gelöscht?“

„Ich glaube nicht. Ich weiß es nicht. Nach dem Booten des Rechners am nächsten Tag waren sie schon weg. Ich weiß das, weil ich noch eine Mail schicken und mich für den Gimmick bedanken wollte. Er war sehr lustig.“

„Waren alle Mails gelöscht?“

„Nein, nur alle in Zusammenhang mit Bolivien finde ich nicht mehr. Ob sonst welche fehlen, ist mir noch

nicht aufgefallen, kann ich aber nicht ausschließen. Wieso? Ist das wichtig? Vielleicht habe ich sie aus Versehen selbst gelöscht? Ich weiß es nicht!“
„Was war das für ein Gimmick?“, wollte Walter wissen.
„Eine shoppende Maus, die über allerlei Geschenke stolperte.“
„Einen Augenblick, bitte!“, unterbrach Walter sie. „Sie haben sich die Episode angesehen, irgendwann den Rechner ausgemacht und am nächsten Tag waren die Mails weg?“
„Ja. So wird es wohl gewesen sein. Ich habe nicht so genau darauf geachtet. Ist mir auch egal. Mein Geld habe ich.“ Denise sprach mit etwas höherer Stimme, mit einem Anflug von Gereiztheit.
Walter sah zum Fenster hinaus.
„Wie haben Sie das Geld erhalten? Überweisung?“ Walter hoffte eine Spur zu bekommen.
„Nein, es war jedes Mal in meinem Briefkasten.“
„Was heißt ‘jedes Mal‘?“
„Ich glaube, das geht jetzt zu weit. Sagen Sie mir erst einmal, um was es wirklich geht. Wer sind Sie? Was haben Sie damit zu tun?“
Walter log: „Ich bin ein Bekannter des Auftraggebers.“
„Und dann kennen Sie keine Details?“
Walter musste schnell etwas einfallen: „Leider ist unser Kontakt zur Zeit technisch gestört. Ich kann keine Verbindung aufnehmen. Mein Rechner ist kaputt.“ Walter glaubte, die Kurve gekriegt zu haben.
„Es hatte in der Bahn und heute nicht den Anschein, als wüssten Sie, um was es bei der Arbeit geht.“

„Nein, ich muss zugeben, ich habe in der Bahn eine andere Person erwartet. Und Details über den Inhalt sollte ich ja erst in der Bahn bekommen. Ich war sehr überrascht, eine fremde Person in der Bahn zu treffen. Wir hatten ein Telefonat, das aber sehr abgehackt war und dann plötzlich abbrach. So verstand ich nicht, wer mir die Unterlagen geben werde und welchen Teil.“
Denise sah ihn musternd, dann zweifelnd an.
„Sie können mir glauben. Sie haben die Kopie schon dem Richtigen gegeben.“
Denise überlegt kurz: „Ich habe die Kopie ausdrucken sollen, weil Ihr Rechner nicht geht. Das klingt logisch.“
„Ja, genau.“ Walter war erleichtert. „Haben Sie die Arbeit auch nach Bolivien gemailt?“
„Natürlich. Sonst hätte ich meine Restzahlung nicht erhalten. Am selben Tag war sie im Briefkasten.“
Walter stutzte. ‘Der Täter muss hier einen Helfer haben. Es sind also doch mehrere Personen verstrickt.‘
„Und für was brauchen Sie die Arbeit?“
Walter wandte seinen Blick wieder Denise zu.
„Ich bin Journalist. Wir machen eine Serie über das Empfinden der Bevölkerung weltweit gegenüber ihren Rechtssystemen. Ich soll Deutschland mit England vergleichen. Ich habe für diese Länder drei Beispiele bearbeitet.“ Walter fühlte Stolz aufkeimen über seine schnelle Reaktion und seine brillante Formulierung. Das musste überzeugen.
„Ich hatte mir schon so etwas Ähnliches gedacht.“ Denise hatte die Antwort geschluckt. „Und wo arbeiten Sie?“
„Eigentlich bin ich auch nur Zuträger. Im Augenblick

ist noch Sammelphase. Wer den Endartikel schreibt, weiß ich nicht. Vielleicht wird es ein Buch. Wer weiß? Ich bin zur Zeit hauptberuflich in der Sparte Klatsch und Mode unterwegs. Irgendwie passt das ja dazu. Oder?“

Denise schien überzeugt und lächelte Walter an.

„Wer ist eigentlich für Südamerika zuständig? Wie heißt er doch gleich wieder? Ach, Sie haben ihn ja nie gesehen?“ Walter tat so als spreche er mit sich selbst, sah aber Denise dabei an. Während er dies sagte, keimte Angst in Walter, Denise bemerke den Logikbruch. Hatte er doch gerade noch behauptet, er hätte ein Telefonat gehabt. Doch sie antwortete ihm ohne Argwohn.

„Nein, ich habe ihn nicht gesehen. Ich kann nicht einmal sagen, ob es ein Mann oder eine Frau ist. Das ging aus der Mail nie hervor. Sie war immer mit ‘Sincerely yours‘ unterschrieben. Und ein kleines ‘z‘ war darunter. Ich habe es für ein Versehen gehalten. Vielleicht war es ein Kürzel für eine Unterschrift. Wer weiß? Eigentlich ist es mir egal.“

Walters Gedanken waren bei dem ‘Z‘. „Vielleicht steht es für Zorro.“ Bei sich dachte er: ‘Oder Zufall.‘, sprach es aber nicht aus.

Diese Bemerkung löste die Verkrampfung endgültig, die sich mit der Zeit in beiden aufgebaut hatte.

„War ihr Mailwechsel in Englisch?“

„Ja, aber meine Arbeit sollte in Deutsch sein.“

Walter schob ein Da–muss–doch-jemand–im–Auftrag–geschrieben–haben nach. „Und wer ist Marc?“

Denise lachte: „Der hat mir geholfen, Material zu sammeln. Ich fand es gerecht, wenn ich ihn auch er-

wähne. War doch recht so?“
„Ja, ja. Ich hoffe Sie haben ihn auch finanziell beteiligt.“ Walter zwinkerte Denise zu. Sie gab keinen Kommentar dazu ab.
Walter blickte zur Uhr. „Es ist schon fast neun. Der Markt unten wird gleich schließen. Ich glaube ich muss los.“
„Müssen Sie noch etwas einkaufen? Sie haben noch Zeit. Weihnachten ist erst in vier Wochen.“
„Nein. Ich habe noch einen Termin. In einer halben Stunde“, log Walter. „Wir können uns aber gerne noch einmal treffen; falls ich noch eine Frage zu Ihrer Arbeit habe.“
„Ist schon gut.“ Denise war wieder so fröhlich wie am Anfang, als sie angekommen war.

**

Walter stand über das Geländer gebeugt und sah hinunter auf die kleinen Strudel. Der Fluss führte wenig Wasser. Sie hatten aufgehört, den Spiegel des Stausees zu senken.
Die alte Frau aus dem Nachbarhaus führte ihren Dackel aus. Beide waren vor zwei Monaten eingezogen. Der Dackel blieb kurz stehen und sah herüber zu Walter. Die Frau nickte einen Gruß und sagte etwas, was im Lärm der vorbei fahrenden Autos unterging. Dann war Walter allein. Er wollte noch nicht in seine Wohnung gehen; lieber Gedanken machen über das mit Denise vor einer halben Stunde geführte Gespräch.
‘Der Absender war in Bolivien, oder gab vor, dort zu

sein.‘
‘Das ‘BO‘ scheint das zu bestätigen.‘
‘Der Absender verfügt über Computerkenntnisse, denn er hat ein gezieltes Löschprogramm auf Denises Rechner installiert – das sich wahrscheinlich schon selbst entfernt hat.‘
‘Der Absender hat einen Helfer – hier.‘
Walter sah flussaufwärts. Auf der Brücke war immer noch viel Verkehr.
‘Wer sagt, dass der Täter wirklich in Bolivien war? Er könnte doch dort nur eine Mailadresse gehabt haben und hier sitzen. Es reicht, wenn er nur zu diesem Zweck einen Helfer in Südamerika hatte. Irgendwie passt das zu dem Netzwerk.‘
Walter fiel ein, dass er dem unbekannten Täter schon den Namen XY verpasst hatte. „Ich sollte ihn auch so nennen!“ Walter blickte um sich, aber niemand hatte ihn gehört.
‘XY ist noch kein Täter. Ein Planer? Nein, er ist schon in der Umsetzungsphase. Oder?‘
Walter richtete seinen Blick flussabwärts. Dort war weniger Verkehr als auf der Brücke. Eine Straßenlaterne war ausgefallen. Eine fehlende Ausleuchtung war nicht zu bemerken, nur der fehlende helle Punkt in der Reihe.
„Noch einmal:
Erstens: XY war in Bolivien oder nicht!
Zweitens: XY hat Computerkenntnisse, oder nicht! Dann hat er aber jemand mit.
Drittens: Daraus folgt, dass dies kein Wissen ist, sondern Vermutungen.“
Eine leichte Brise zog mit dem Wasser einher. Walter

begann zu frösteln. Vom Winter gab es immer noch keine Spur. Trotz der beinahe zehn Grad war der Wind unangenehm. Er brachte Feuchtigkeit mit.
Walter überquerte die Straße.
In seiner Wohnung genoss er die Wärme. Seine Füße steckte er in Kuschelpantoffel mit Hasenohren. Dann lehnte er sich zurück und schaltete den Fernseher ein.

***

Die Beweise sind weg

„Hallo, Sohn! Brötchen, Semmeln, Schrippen, Frühstück!“

„Hatten wir das nicht schon vor ein paar Tagen?“ Walter schloss die Wohnungstür hinter seiner Mutter.

„Kann schon sein. Hätte ich mich ändern sollen in der kurzen Zeit?“

„Nein, nein. Ist schon gut. Was willst du schon wieder hier?“

„Dich besuchen, mein Schatz. Ich glaube der Besuch einer Mutter bei ihrem Sohn ist noch nicht verboten.“

Walter murmelte: „Doch, so früh und unangemeldet schon.“ Laut sagte er: „Ich freue mich, wenn du vorbeischaust.“

„Walter, du sollst nicht lügen.“ Kim hängte ihren Mantel an die Garderobe.

„Warum kommst du dann trotzdem?“ Schnell fügte er hinzu: „Ich freue mich wirklich, wenn du mich besuchst. Aber wenn ich die Redaktionssitzung leite, kann ich vorher keine Fröhlichkeit um mich haben.“

„Was? Bist du jetzt Redaktionsleiter oder gar Chefredakteur“

„Nein, nur donnerstags habe ich die Vertretung. Drei Wochen. Heute ist das zweite Mal.“

„Ach, mein Armer, dann hast du es bald geschafft. Halbzeit.“

„Noch nicht, erst, wenn die Hälfte des Meetings vorbei ist. Ich hoffe nur, dass mir dies nicht länger bleibt.“

„Wie bist du denn zu der Ehre gekommen? Du bist doch dorthin gegangen, unter der Bedingung, dies nicht mehr machen zu müssen."
„Vielleicht muss ich es machen, weil ich Erfahrung habe. Die wissen, dass ich schon Redaktionsleiter war." Walter folgte seiner Mutter in die Küche.
„Bin ich zu spät dran?" Kim sah die Krümel auf dem Tisch und den Rest in der Kaffeetasse.
Walter trank aus: „Ja, ich muss gleich weg."
„Wann geht denn die Sitzung an?"
„Heute um neun."
Kim blickte zur Wanduhr. „Dann hast du ja noch Zeit. Es ist gerade erst acht durch."
„Ja, was willst du denn? Warum bist du gekommen?"
„Ich will nur wissen, wie es dir geht. Bist du heute besser drauf als das letzte Mal?" Sie sah ihn fragend an.
„Ja." Walter war besser drauf. Er hatte gut, und für seine Verhältnisse lange, geschlafen; sieben Stunden.
Kim hakte nach: „Was war denn bei meinem letzten Besuch? Du warst so unruhig, unaufgeräumt, fahrig."
Walter war unschlüssig, ob er seine Mutter diesmal einweihen sollte. Jetzt, wo er schon so viel wusste. Aber was wusste er denn wirklich. Wirre, unzusammenhängende Fakten. Fakten, so es denn welche waren, die er nicht im Geringsten deuten konnte.
„Ich glaube, es ist noch zu früh, etwas darüber zu sagen."
„Ist es so geheim. Es muss ja etwas sehr Großes, Wichtiges sein. Politik, High Society, Milieu?" Kim ließ nicht locker.
Walter überlegte. Seine Mutter hatte doch noch einen

heißen Draht zu ihren ehemaligen Kollegen. Sie könnte ihm bei Recherchen behilflich sein. Aber würden ihre Kollegen helfen. Da kämen ins Spiel Amtsmissbrauch, Verrat von Dienstgeheimnissen, unerlaubte Nachforschungen und was es sonst noch alles gibt. Nein darauf konnte Walter nicht hoffen, zumindest mit dem bis jetzt vorhandenem Material. Kim konnte noch nicht eingeweiht werden.

„Es ist immer noch nicht spruchreif."

„Du könntest mir wenigstens einen Tipp geben. Die Rubrik!"

„Reihe es in die Rubrik 'geheim' ein."

„Ah, Militär!"

„Nein, Militär nicht. Mehr sage ich noch nicht!"

„Aber denk dran, ich bin die Erste, die davon erfährt. Du hast es beim letzten Mal versprochen. Und 'die' heißt auch 'der'!" Kim wedelte zum Nachdruck mit dem rechten Zeigefinger.

„Ja, ich weiß. Du bist die, der Erste. Ich muss jetzt aber los. Sonst schaffe ich es nicht mehr. Du kannst ja noch hier frühstücken. Zieh die Tür hinter dir zu."

„Nein, die lasse ich auf. Das verhindert, dass Einbrecher sie aufbrechen. Alte Polizeiweisheit." Sie gab ihm einen Klaps auf den Hintern, als er hinaus auf den Flur ging. Kurz darauf fiel die Tür ins Schloss. Kim saß alleine da. Dann frühstückte sie.

**

Walter hatte gerade noch abbiegen können, dass sie ihn für vier Tage nach Mailand schickten. Er sagte, seine Mutter sei krank und brauche ihn. Außerdem sei sein Italienisch nicht gut genug. Er schlug eine Praktikantin vor, die ihm um den Hals fiel, als sie hörte, sie dürfe seine Recherchen übernehmen.

Nun öffnete er seine Wohnungstür.

„Bist du noch da?“

Er wusste, dass seine Mutter nicht mehr da war. Was hätte sie den ganzen Tag machen sollen?

Walter ging ins Wohnzimmer. Kim hatte aufgeräumt und scheinbar Staub gewischt. Alles stand leicht versetzt. Neben dem Laptop stand die Orchidee, die sonst zwischen den beiden Fenstern ihren Platz hatte. Daran lehnte ein Zettel mit der Aufschrift: Vergiss nicht, ich bin deine Mutter.

Was sollte diese Bemerkung? Natürlich vergaß er ihr Verwandtschaftsverhältnis nicht. Hatte sie Angst, dass er gegen ihr Aufräumen wettern werde?

Walter musste lachen. Er nahm sein Handy, drückte die Kurzwahl und legte sofort wieder auf.

Er ging in die Küche und kramte in der Besteckschublade. Er suchte seinen Kaffeelöffel. Da klingelte sein Handy.

„Was wolltest du? Warum hast du gleich aufgelegt? So schnell bin ich auch nicht.“

„Ach, ich wollte nur wissen, was es mit dem Hinweis auf sich hat, dass du meine Mutter bist. Ich habe kein Alzheimer, und wenn, dann hab ich es vergessen. Dass du meine Mutter bist, werde ich nie vergessen.“

„Ich wollte dich nur daran erinnern. Man kann nie wissen.“

„Danke für das Aufräumen.“

„Bitte, gern geschehen. Ich wollte mich nützlich machen. So hast du mehr vom Wochenende. Wollen wir

in ein Museum gehen. Es soll schlecht werden."
„Ich weiß nicht. Vielleicht habe ich viel zu tun. Mal sehen."
„Du weißt heute am Donnerstag nicht, ob du am Wochenende viel zu tun hast? Was ist das denn für eine Planung, Walter?"
„Hast du mich gerade 'Walter' genannt?"
„Ja, ich glaube den Namen haben wir dir gegeben. Erinnerst du dich nicht? Wie nennst du dich denn jetzt?"
Walter hörte Kim am anderen Ende lachen. „Es fiel mir auf, weil du mich sonst immer nur Sohn nennst."
„Also gut, Sohn. Was hast du denn zu tun, dass du keine Zeit hast, mit mir etwas zu unternehmen. Deine mysteriöse Recherche?"
Walter fühlte sich ertappt. „Ja, nein, vielleicht. Gut, eine Ablenkung ist womöglich nicht schlecht. Wenn sich jedoch in der Sache etwas rührt, verschieben wir das Museum!"
„Lass es lieber stehen, sonst machen wir uns strafbar. Da verschieben wir lieber den Termin. Lass es dir gut gehen, mein Sohn Walter." Kim lachte wieder und beendete das Gespräch.
Walter kramte weiter in der Schublade, den Löffel in der Hand. Was hatte er doch gleich gesucht?
Ach ja, den Löffel. „Ja, den!"
Walter klopfte damit auf die Arbeitsplatte, als könne dieser etwas dafür. Dann machte er Kaffee.

Walter schaute durch das Fenster hinaus auf die leere Straße. Er wartete auf die Blechlawine. Sein Blick wanderte zu seinem Rechner und wieder hinaus zum

Fenster. Die Lichter kamen in seine Richtung.
‘Wie soll es jetzt weiter gehen? Ich habe Pseudofakten und als einzigen Beweis die Arbeit einer Studentin, was die Geschichte einem Fremden gegenüber eher weit hergeholt als glaubwürdig erscheinen lässt. – Und, die Reste aus dem Päckchen.‘
Walter drehte sich um und sah zum Hocker an der Wand. Der war leer. Entsetzen überkam Walter. Wo war die Schachtel und vor allem der Inhalt?
War jemand in seiner Wohnung gewesen? Wurden die einzigen Beweise entfernt, dass er unglaubwürdig werde? Wer war in seiner Wohnung? Wer?
Außer seiner Mutter!
Walter griff zum Telefon. „Hast du die Schachtel weggeräumt, die auf dem Hocker lag.“
„Ja. Warum? War das wichtig? Es sah so kaputt aus. Der geschmolzene Bauschaum und die vergammelten Metallteile. Ich habe das Zeug in die Tonne geworfen. Die stand schon draußen an der Straße zum Leeren. Ich dachte, dann kommt der Unrat gleich mit weg und verstopft nicht eine Woche die Tonne. Was war es denn?“
Sein letzter Beweis, weg. Weg! Weg! Seine Stimme zitterte als er niedergeschlagen antwortete:
„Es war mein einziger Beweis für meine Story.“
Kim ließ eine kurze Weile verstreichen. Dann sagte sie:
„Das tut mir aber leid, wirklich. Es hat so nach Müll ausgesehen. Was war es denn?“
Walter überlegte, unterließ es aber, ihr zu antworten. Er legte auf.
‘Was habe ich jetzt noch? Erinnerungen an eine ver-

plemperte Zeit, mehr ist nicht übrig. War das die Story?‘
Wie konnte seine Mutter etwas wegwerfen, bei ihm, in seiner Wohnung, ohne zu wissen, was sie wegwarf und ohne ihn zu fragen? ‘Ich muss aber zugeben, das Ding sah wie Müll aus.‘

Walter wurde sich immer mehr bewusst, dass es nie eine Story geben werde. Aber war deshalb XY gestoppt? Mitnichten!
Ein Mensch mit Tötungsabsicht lief immer noch frei herum.
Hatte Walter etwas übersehen? Wie konnte er den Täter ausfindig machen. Sollte er jetzt zur Polizei gehen? ‘Die lachen dich aus. Die sagen höchstens, schreib einen Roman darüber! Vielleicht sollte ich das machen. Unter Pseudonym.‘
Walter schaltete den Fernseher ein. Vielleicht hatte XY schon zugeschlagen.
In den Nachrichten kam nichts von einem Mord oder mysteriösen Tod. Nur Krieg. ‘Einen Krieg wird er wohl nicht angezettelt haben.‘

***

Mails

Am nächsten Morgen hatte Walter sich wieder beruhigt. Er hatte sich am Vorabend *Das Leben des Brain* angesehen. Das hatte ihn abgelenkt. Danach hatte er endlich wieder abschalten können. Er hatte den Film von seiner Mutter letztes Weihnachten geschenkt bekommen mit den Worten: 'Ich habe danach meist mein Hirn frei gehabt, egal wie belastet es war.'
Walter ging zu seinem Rechner, kurz die Mails checken. Er hatte drei freie Tage vor sich.
Walter löschte sieben uninteressante Mails in seinem beruflichen Account. Er wollte den Rechner schon ausschalten. Da fiel ihm auf, dass in seinem erst kürzlich angelegten, privaten Postfach zwei noch nicht geöffnete Mails auf ihn warteten.

>>Danke, dass du noch nichts unternommen hast. z<<

Walter sah auf den Absender. *iZwZt@nm–research*. Hatte nicht Denise gesagt, dass sie mit so einer, wie dieser korrespondiert hatte. Und wieder Bolivien.
Woher wusste der Absender Walters Mail–Adresse? Sie konnte keinem bekannt sein, er hatte sie noch nicht einmal zwei Wochen.
'Ist sie von XY? Hat XY Zugriff auf meinen Rechner? Über diese Adresse ging noch nie eine Mail heraus.'
Walter verspürte wieder das Kribbeln im Bauch, das er auch an dem Tag hatte, als das Päckchen vor seiner Tür lag.
Er suchte die Domain im Internet. Natürlich gab es sie nicht. Keine Suchmaschine fand sie. Der Domainname war nicht registriert. Walter hätte ihn auf sich re-

gistrieren können; wenn er Bolivianer gewesen wäre. ‘Vielleicht ist es in Bolivien aber auch anders! He, was mach ich mir Sorgen?‘

Walters Blick fiel auf den Domainnamen, aber mit ‘org‘ als Top–Level–Domain. Er sah sich die Seite kurz an. ‘NO MORAL RESEARCH - nm–research.org‘. Diese Seite war mehrsprachig und listete eine Unzahl von Vergehen gegen die Menschheit auf; oder zumindest was in Artikeln und Kommentaren so herüberkam. Es gab Diskussionen über Firmen und Politik, Personen und Institutionen, über unterschiedliche Auffassungen von Glaubensrichtungen, Moral und Ethik. Walter war von der Vielfalt und der Sachlichkeit überwältigt.

‘War das ein Auftritt der ‘Gruppe‘, wie XY sie nannte?‘

‘Das könnte passen.‘

Walter schloss den Browser. Die Seite lief ihm nicht davon. Dann öffnete er die andere Mail. Sie war vom gleichen Absender.

>>Ich vertraue dir weiter. Wenn du willst, kannst du mir Fragen stellen. Ich werde sie beantworten, soweit es mit meinem Sicherheitsinteresse zu vereinbaren ist. Du kannst mir über ‘Antworten‘ schreiben. Bitte nicht direkt anschreiben! Sehr wichtig, lass meinen Text stehen! Nicht direkt anschreiben! Und Mails nur von deinem Computer zu Hause! Sollte meine Mailadresse einmal auf eine andere Weise angeschrieben werden, verschwindet sie sofort im Nirwana. Bitte unbedingt beachten, sonst haben wir keinen Kontakt mehr! z<<

Walter las die Mail noch einmal. ‘Hat XY Zugriff auf meinen Computer? Habe ich ein Programm auf dem Rechner, das mich überwacht? Über diese Adresse ging noch nie eine Mail heraus!‘

Walter wollte das Gerät abschalten, erinnerte sich je-

doch, wie es Denise ergangen war. Er kopierte die beiden Mails in ein separates Programm.
'Wenn ich überwacht werde, wird das auch nichts nützen. Die Gegenseite verfügt über Mittel, von denen ich nichts weiß und die ich wahrscheinlich nicht einmal entdecken würde.' Walter schaltete die Kamera und das Mikrofon am Computer aus. Sicherheitshalber drehte er den Bildschirm noch zur Seite, obwohl er wusste, dass eine Überwachung auf diesem Weg unmöglich war. Aber sicher war sicher.
Dann ging er in die Küche und brühte sich einen Kaffee.

Beinahe hätte sich Walter die Zunge verbrannt. Mehrere Tropfen spritzten vom Küchenboden. Er konnte die Tasse gerade noch ausbalancieren, sonst hätte sein Hemd auch einen Fleck bekommen. Walter stellte die Tasse auf den Küchentisch und setzte sich.
'Welche Fragen soll ich stellen?'
'Soll ich überhaupt welche stellen?'
'Will mich XY nur aushorchen? Wozu?'
'Ich sollte ihn testen. Womit?'
'Auf die Frage nach der Zielperson werde ich keine Antwort bekommen. Genauso gut könnte ich nach seinem Namen fragen.'
Walter nippte am Kaffee. Dann ging er zurück zum Rechner, die Tasse vorsichtig von sich haltend.
Die Mails waren heute Vormittag im Abstand von zwei Stunden bei ihm angekommen. Walter fuhr den Rechner herunter.
Nach zehn Minuten startete er ihn wieder. Die Mails waren immer noch im Postfach. Hatte Denise den

Mailverkehr doch selbst gelöscht? 'Rede ich mir Schauergeschichten ein?'
Walter starrte den Bildschirm an. Mit dem Mittelfinger der linken Hand trommelte er auf der Tischfläche. Nichts geschah. Verkehrslärm drang von draußen herein.
Was sollte er fragen? Er würde in ein Wespennest stechen, Antworten haben, aber keinen Nutzen daraus ziehen können. Niemand würde ihm glauben.
Er würde niemanden schützen können. Für was also der Aufwand? Neugier befriedigen?
Gab es genau aus diesem Nicht–Schützen–können–Grund keine Berichte über die Gruppe.
Traute sich keiner, etwas zu sagen.
Walter überlegte, ob er nicht doch seine Mutter um Rat fragen sollte. Sie war schließlich bei der Polizei gewesen. Sie musste wissen, wie man solche Fälle handhabt.
Die Polizei würde seinen Angaben nicht nachgehen; ohne Angabe zum Opfer; ohne Angabe des Täters. Alles nur mündliche Überlieferungen – von ihm. Keine überprüfbaren Fakten im Angebot.
Walters Gedanken schienen sich von Neuem im Kreis zu drehen.
Jeder ungelöste Mord könnte der Gruppe angedichtet werden, jedem Toten Verfehlungen.
Würde auf Dauer nicht ein Überwachungs-, Denunzianten- und Bespitzelungsstaat entstehen. 'Wegen meiner Verdächtigungen!'
'Das mag jetzt übertrieben sein, Selbstüberschätzung in Sachen Wichtigkeit! Aber vielleicht reicht es zu einem Anstoß dafür. So will ich definitiv nicht in die

Geschichtsbücher eingehen!‘

Pausen füllten seine Gedankengänge und machten Walter noch unsicherer.

Fragen für was? Für wen? Warum?

Lagen XYs Vorgehensweise die gleichen Überlegungen zugrunde? War er sich deshalb sicher, dass Walter nichts weitergeben werde, konnte? Wollte er die Bekanntgabe von Fakten über das Netzwerk deshalb in Walters Hände legen; in der Hoffnung, dass dieser nicht scheitern werde?

Walter brauchte Ablenkung. Er startete den Film *The Wall* von Pink Floyd. Dessen Inhalt passte zu seiner Situation und die Musik zu seiner Stimmung.

‘Tear down the wall!‘

Doch welche?

***

Weitere Mails

Ein Hinweis auf eine neue Mail erschien auf Walters Bildschirm. Walter öffnete sie.

>>Du meldest dich nicht! Ich beschäftige mich nach wie vor mit dem Thema. Ich will dir meinen Traum der letzten Nacht erzählen.
Gib du mir einen Rat!<<

Walter sah am Scrollbalken, dass es eine lange Mail war. Er lehnte sich zurück. ‘Was soll ich XY für einen Rat geben? Will er mich zum Komplizen machen? Könnte mich XY nicht einfach in Ruhe lassen? Warum sollen seine Probleme meine sein?‘
Dann siegte die Neugier und Walter begann zu lesen.

>>Heute früh wachte ich auf; wegen eines Traumes. Ich war überrascht, wo ich doch geschockt hätte sein müssen. Überrascht über meine Reaktion, oder besser gesagt mein Nicht–Reagieren.
Ich saß in einem Zug am Fenster. Es war ein örtlicher Zug, mit Dampflok. Nostalgisch hätten meine Gefühle sein können, waren es aber nicht. Anscheinend fand der Traum in der dazugehörigen Zeit statt.
Ich blickte auf ein sonnendurchflutetes Tal. Die Kurven waren so eng, dass man immer nur einen Teil des Zuges sehen konnte, obwohl dieser nicht lang gewesen sein kann.
Zur Linken presste er sich an Felswänden entlang. Zwischendurch wechselten sie mit kurzen steilen Grashängen ab. Rechter Hand lag etwas tiefer ein bewegungslos scheinender Fluss, der das Tal geformt haben musste. Manchmal wurde das Tal breiter und ließ ein paar Häusern am gegenüberliegenden Ufer Platz. Dann fuhren wir wieder durch Schluchten, die nur das Bahngleis und den Fluss zuließen. Ich sah entspannt hinaus und genoss die

Idylle. So hatte ich Jugoslawien in Erinnerung.
Nach einiger Zeit fuhren wir an einem lang gezogenen Kahn vorbei. In ihm stand ein Fischer – mit einem Gewehr in der Hand. Das Wasser war klar bis zum schlickigen Grund. Hinter dem Kahn glaubte ich eine Reuse an der Oberfläche schwimmen zu sehen. Der Zug fuhr vorbei. In der nächsten Biegung war wieder ein Boot gleicher Bauart mit einem länglichen Bündel am einen Ende. Auch in diesem Kahn stand ein Mann mit einem Gewehr. Doch dieser gab einen Schuss auf das Bündel ab. Es sah ziemlich sinnlos aus. Das Bündel machte nur die zu erwartende Bewegung.
Eine Kurve weiter, wieder dasselbe Bild. Die Kähne waren alle gleich, sie schienen einer Serie zu entstammen. Die Personen in den Kähnen unterschieden sich, auch die Bündel dahinter. Mit jedem neuen Bild wurde dieses klarer. Aus den Bündeln wurden in Tücher und Binden eingehüllte menschliche Körper, die auf den ersten Blick tot zu sein schienen oder waren. Mit jeder neuen Kurve und jedem neuem Bild wurde deutlicher, dass die Menschen noch lebten und erschossen wurden. Kein Blut besudelte das klare Wasser. Die Taten widersprachen der Harmlosigkeit der vorbeiziehenden Bilder.
Dann kam ein Kahn mit Bündel. In dem Boot saßen zwei junge Frauen, eine dritte stand mit einem Gewehr in der Hand, den Lauf nach unten gesenkt; wie ein Jäger, der wusste, dass er jetzt nicht schießen werde. Die drei Frauen waren blond, hübsch, sahen unschuldig aus. Sie hatten identische, lange, blaue Kleider, einfach aber sonntäglich wirkend. Ja, wären die Schüsse nicht gewesen, es hätte Sonntag sein können. Oder war es ein Sonntag, war es ein Ritual? Waren es Schüsse auf Puppen?
In der nächsten Kurve wurde der Zug langsamer, als führe er in einen Bahnhof ein. Absichtlich? Was ich bis jetzt für einen Fluss gehalten hatte, hörte mit einem kurzen Sandstrand auf.
Ein Mann schob sein Boot zu Wasser, an dessen Ende auch ein Bündel befestigt war. Nur dieses Mal konnte ich genau sehen. In geringem Abstand standen teilnahmslos

eine handvoll Menschen und sahen zu, unfähig zu helfen oder einzugreifen. Es lag eine einlullende Ruhe über dem Geschehen.
Ich war geschockt.
Das Bündel sah aus wie eine Mumie. Das Gesicht lag frei, ein schönes, bronzen glänzendes Gesicht, geschminkt, als wolle die Frau zu einem Ball gehen, die Augen geschlossen. Das Boot erreichte das Wasser, die Frau wurde durch den Sand gezogen. Als ihr Kopf, der zum Boot zeigte, ins Wasser gezogen wurde, öffnete die Frau die Augen.
In diesem Augenblick war ich hellwach. Ich konnte mich an keinen Gesichtsausdruck der Leute in den Booten erinnern. Waren sie fröhlich, traurig, mitfühlend? Ich konnte es nicht sagen.
Nur das Gesicht der Frau, welche die Augen geöffnet hatte, hatte ich deutlich vor mir.

Ignorieren wir einmal den Inhalt des Traumes. Was mich nach meinem Erwachen beschäftigte, war mein Verhalten. Ich empfand weder etwas für die Erschossenen, noch gegen die Täter. Ich hatte keinerlei Meinung oder Gefühle. Mich beschäftigte die Frage: Bin ich der, der richten und sich eine Meinung bilden kann und soll? Habe ich das Recht, mich in mir völlig Unbekanntes einzumischen? Darf ich meine Maßstäbe übertragen und anderen aufzwingen? Ich möchte auch nicht, wenn dies andere mir antun.
Ist mein Verhalten Toleranz? Hilflosigkeit? Dummheit?
Meine Erziehung und mein Verständnis von Leben müssten in mir einen Aufschrei erzeugen, wenn ich Zeuge eines Mordes wäre; spätestens wenn ich außer Gefahr bin. Es erfolgte keine Regung meinerseits.
Sind Morde, die in Serie oder nach einem Schema ablaufen, weniger berührend? Stumpft man als Zeuge schon beim zweiten Mal ab? Nimmt man so etwas dann schon als Standard hin?
Bei wem hätte ich Anklage erheben können? Nehmen wir an, der Traum hätte mich in die nächste Stadt gebracht.

Ich hätte den Zug verlassen und ein Polizeirevier aufsuchen können.
Gesetzt, es hätte ein Polizeirevier gegeben. Gesetzt, ich wäre angehört worden. Wie wäre die Reaktion gewesen?
Möglichkeit 1: Die Polizei wäre ausgerückt und hätte die Täter verhaftet. Sie wären zur Rechenschaft gezogen worden. Dies wäre nach meiner Logik die gerechteste und sinnvollste Variation.
Möglichkeit 2: Die Polizei hätte mich aufgeklärt, dass es sich um einen alten Brauch handelt. Niemand kommt dabei um. Es sieht alles viel schlimmer aus, als es sei.
Möglichkeit 3: Es wurde ein Film gedreht. Das würde die Todesangst und um Hilfe bittenden Augen der Frau erklären, deren Gesicht ich deutlich gesehen hatte.
Möglichkeit 4: Die Polizei verhaftet mich, weil ich nicht eingeschritten bin. Mittäterschaft. Vielleicht wegen Untätigkeit.
Möglichkeit und, und, und.
Ist ein Nicht–Eingreifen strafbar? Hätte ein Ruf aus dem Fenster des Zuges einen einzigen oder alle Morde verhindern können? Haben die Schützen nur darauf gewartet? Rechtfertigen sie ihre Taten damit?
Wir sehen und verstehen nicht. Wenn wir unser gewohntes Umfeld verlassen, sind wir unwissend. Haben wir als Unwissende das Recht, anderen unsere Sichtweise aufzudrängen?
Nehmen wir an, bei den Tötungen, ja das trifft es vielleicht besser, bei den Tötungen handelt es sich um uralte Gewohnheiten. Reaktionen auf ein uraltes Wissen. Ein Wissen, dass in dem Tal nur eine gewisse Anzahl von Menschen leben kann, weil der Boden nicht mehr hergibt. Vielleicht sind es Freiwilligen–Opferungen. Vielleicht wird gelost. Wie soll ein im Zug Vorbeifahrender dies beurteilen? Vielleicht sehen die Menschen im Tal den Zug gar nicht. Keiner hatte in Richtung Bahn geblickt, als sie vorbeifuhr.
Vielleicht wissen die Bewohner des Tals nicht, dass sie nur den Gleisen folgen müssen und so an Nahrungsmittel gelangen können. Vielleicht sehen sie die Gleise nicht

oder wissen nicht, wozu sie gut sind? Vielleicht haben sie aber früher die Erfahrung gemacht, dass sie das Tal besser nicht verlassen, da die Gefahren draußen viel größer sind.

Es gibt sicher viele Gründe, warum etwas geschieht, wie es geschieht. Daraus leitet sich nicht ab, dass sich Außenstehende einmischen müssen und sollen. Veränderungen haben die besten Erfolge, wenn sie von innen kommen.<<

Diese Mail brachte Walter kein Stück weiter. Sie bestärkte seine Konfusion. Was hatte der Traum mit XY zu tun, außer dass er ihn geträumt hatte mit dem Ergebnis, dass sogar XY verwirrt war? XY machte sich Gedanken. Das entlastete ihn. XY war kein Irrer!
Aber mein 'XY' war Z nach seinen eigenen Angaben. Da Z aber nicht wirklich 'Z' hieß – Walter war sich dessen sicher – beließ er es bei 'XY'.
'Ich weiß immer noch nicht, wen XY eliminieren will. Vielleicht will ich es gar nicht wissen. Sonst müsste ich mich entscheiden, ob ich XY verrate.'
Walter stolperte über das 'verrate'. War es Verrat, einen Rächer der Justiz auszuliefern. Einer Justiz, die XY erst zu seiner Tat animiert hatte.
'Mache ich es mir mit dieser Argumentation nicht zu einfach?'
Walter stand auf und ging im Wohnzimmer auf und ab. Da er sich wie ein Tiger im Käfig vorkam, setzte er sich wieder an den Rechner. Eine Antwort war fällig.

>>Ich duze dich einfach auch. Ich glaube, wir sind uns näher gekommen, obwohl ich nicht mit deinem Vorhaben übereinstimme. Man tötet nicht!!! Auch wenn das Recht versagt.

Ich weiß immer noch nicht, auf wen du es abgesehen hast. Und im Augenblick will ich es nicht wissen; vielleicht sogar nie.
Ich weiß immer noch nicht, wie du es ausführen willst. Vielleicht will ich das auch nie wissen.
Ich bin mir nicht einmal sicher, ob ich dich 'verraten' werde oder würde. Noch kannst du dich sicher fühlen.<<
Senden.

Walter lehnte sich zurück.

Keine fünf Minuten später war eine Antwort da. XY musste auch an seinem Rechner sitzen.

>>Ich finde es rührend, dass du mich nicht verrätst. Aber meine Befindlichkeit soll nicht das Thema sein.
Hast du keine Fragen?
Hältst du mich für einen Terroristen?<<

'Halte ich XY für einen Terroristen?' Diese Frage hatte sich Walter noch gar nicht gestellt.

Walter schrieb >>Nein<< und drückte auf *Senden.*

Augenblicklich kam eine Antwort.

>>Es freut mich, dass du mich nicht mit Leuten auf eine Stufe stellst, die Unschuldige mit hinein ziehen. Ich habe eine Tonaufzeichnung zu meinen Gedanken darüber beigefügt.
Bis zum nächsten Mal. z<<

Walter öffnete die Datei. 'Hoffentlich ist kein Löschprogramm oder Virus versteckt.' Was würde das ändern?

Die ihm vertraute Stimme begann:

„Ich habe mich auch gefragt: Bin ich Terrorist?

Meine eindeutige Antwort ist: Nein!

Ich will keinen Terror verbreiten. Terror trifft Unschuldige.

Angst vielleicht ja, Schrecken, nein. Angst sollten alle bekommen, die sich unsozial verhalten. Wer gedan-

kenlos oder bewusst anderen schadet, um sich selbst oder im Auftrag andere zu bereichern, der kann ruhig Angst bekommen; Angst zur Rechenschaft gezogen zu werden. Wo Gesetze grob versagen und die Geschädigten verhöhnen, greifen wir ein.
Ich gebe zu, dass dabei nicht ein Rückgängigmachen erreicht werden kann – das ginge in den meisten Fällen nicht – sondern eine Genugtuung für die Geschädigten geschaffen werden soll und ein Verhindern einer Wiederholung oder Begehen einer neuen, ähnlich gelagerten Tat durch diese Person ausgeschlossen wird. Puh.
Du verstehst schon. Kurz, wer in großem Stil großen Schaden anrichtet, wird haftbar gemacht. Wo das Gesetz grob versagt, wird ein Vakuum von uns ausgefüllt. Das sollen die entsprechenden Leute verinnerlichen und in ihre Entscheidungen einfließen lassen.
Ein verarschtes Volk ist eher bereit, einen unkontrollierten Aufstand zu beginnen, als ein ernst genommenes. Niemand will Aufstände!
Was uns vom Terroristen grundsätzlich unterscheidet ist, dass wir als oberstes Gebot haben, niemanden zu schädigen, der nicht Ziel ist. Passanten, zufällig Anwesende, usw. sind keine Zielpersonen. Sollten solche Personen leiblich oder materiell unzumutbar geschädigt werden, darf die Tat nicht ausgeführt werden.
Dieses Gebot ist auch im Eigeninteresse wichtig. Es schützt uns, weil wir die öffentliche Meinung nicht gegen uns haben wollen. Taten, die in der öffentlichen Meinung keinerlei Zustimmung finden, dürfen nicht begangen werden.
Wir haben mehrere Grundgedanken, die Vorschriften

gleich kommen. Da wir keine hierarchisch gegliederte Führung haben, können es nur freiwillig umzusetzende Richtlinien sein. Jeder muss dies nach eigenem Gutdünken tun und sie anpassen. Der oberste Gedanke soll jedoch die Achtung vor dem Leben sein; dabei wiegt jedes mit der Einheit eins. Das habe ich, glaube ich, schon einmal gesagt. Wiederholen schadet nicht. Ich mache es ständig.
Zurück zum Terrorismus. Ich verabscheue ihn und halte die, die ihn ausführen, sowie seine Sympathisanten für einfältig.
Gewalt erzeugt Gegengewalt.
Warum fürchte ich keine Gegengewalt bei meiner Tat? Weil wir Gewalt nur gegen die anwenden, die der gerechten Gewalt – sprich, dem Gesetz – ausweichen konnten. Unsere Opfer sind die, die es bei gesundem Menschenverstand verdient haben.
Wir sind keine Robin Hoods. Wir als Einzelpersonen können deren Schäden nicht rückgängig und Taten ungeschehen machen. Aber wir können durch unsere Taten potenzielle Neutäter zum Nachdenken und Abwägen animieren. Jeder soll wissen, dass man nicht erst (wenn überhaupt) am Jüngsten Tag zur Rechenschaft gezogen werden kann. Nicht–Christen sowie Angehörige einer Religion, die Gleichwertiges nicht kennt, hätten einen Freibrief.
Da wir gerade bei Religionen sind. Religionen sind von Menschen gemacht. Deshalb sind sie je nach Kulturkreis unterschiedlich. Ob das gut oder schlecht ist, darüber möchte ich mich jetzt nicht auslassen. Sonst schläfst du mir noch beim Zuhören ein."
Walter hörte das Grinsen deutlich. Eine Pause im Vor-

trag ließ ihm Zeit, dies festzustellen. ‘Wieso kann man in einer künstlich erzeugten Stimme solche Nuancen bemerken? Ist es Einbildung? Bin ich Teil der Geschichte? Dann sollte ich spätestens jetzt Angst bekommen.‘ Walter stoppte seine Abschweifungen abrupt, denn die Stimme hatte wieder eingesetzt.
„... aus verschiedenen Kulturkreisen kommen, unterliegen unsere Taten auch unterschiedlichen Blickwinkeln. Dabei sind die traditionellen Gegebenheiten dominant.
Ich erkläre es dir. Sagen wir in Europa sind die christlichen Religionen in den letzten Jahrhunderten vorherrschend gewesen. Das allgemeine Selbstverständnis gründet auf diesen Lehren.
Lehren fernöstlicher, islamischer oder von Natur–Religionen sind hier sekundär. Deren Wesenszüge dürfen in die Gedanken einfließen, aber christliche nicht übertrumpfen.
Im vorderen Orient sind die Islamischen Lehren die Hauptgrundlage. Im Fernen Osten wiederum deren Hauptreligionen.
Ich will damit sagen, dass unser Handeln unterschiedlich sein kann und oft auch ist, je nachdem, was der geographische und spirituelle Hintergrund ist.
Wer einen anderen Kulturkreis betritt, muss sich an dessen Regeln orientieren! Punkt! Darum ist es sinnvoll, sich vorher zu erkundigen.
Um deine Frage zu beantworten, bevor du sie stellst: Wie ist es mit gebietsübergreifenden Konstellationen? Tja, wenn sich niemand aus dem zugehörigen Gebiet findet, der die Tat übernimmt, gibt es Gesprächsbedarf, der in der Regel befriedigt wird, da Taten und

Zielpersonen öffentlich diskutiert werden. Stichpunkt Internet.
Wenn Länder, Gebiete oder Menschengruppen betroffen sind, die sich in unterschiedlichen Gebieten und Kreisen befinden, dann hat die Moral–Richtung Vorrang, die betroffen ist.
Ich erkläre es an einem beliebigen Beispiel. Dieses ist nur zu Erklärungszwecken, es könnte auch jede andere Konstellation sein. Ich habe in diesem Fall auch nicht geprüft, welche Sachlage sich daraus ergibt, also nur ein x–beliebiges Muster.
Nehmen wir an, es gäbe einen Konzern, der weltweit operiert. Dieser Konzern kauft dummen Regierungen Rechte ab, sagen wir für Wasser, Bodenschätze, oder was auch immer. Die der Rechte beraubten Menschen finden das nicht gut. Verträge und Gerichte schützen die Schädigenden und nicht die Geschädigten. Solche Firmen sind unsere potenziellen Ziele.
Jetzt wirst du sagen: Aber gegen eine Firma vorzugehen ist Terrorismus. Darauf entgegne ich dir, dass wir selten gegen Nicht–Humanes vorgehen. Hinter jeder Tat steckt ein Mensch – oder meist mehrere. Somit ist dieser oder mehrere aus der Institution das Ziel. Dabei sollte man oben anfangen und nicht das schwächste Glied der Kette für die anderen büßen lassen. Also nicht den Abteilungsleiter, sondern den Chef oder ranghöchsten eingebundenen Entscheider sollte es treffen.
Ich sehe aber schon die Zeit kommen, wo wir gegen künstliche Intelligenz kämpfen, weil das Handeln dem Menschen entzogen worden ist. Die Zeit von Science Fiction wird kommen. Noch ist es nicht so weit.

Du siehst, wir strafen nicht willkürlich. Jeder Aktion geht eine sehr, sehr gründliche Vorarbeit voraus. Damit meine ich nicht die Planung des Tathergangs.“

Walter war verwirrt. Je mehr er von XY erfuhr, umso normaler kam Walter dessen Verhalten und seine Ansichten vor. Dann kam ihm doch noch eine Frage.

Er schrieb:

>>Hast du keine Angst entdeckt zu werden oder dass dein Vorhaben verhindert wird?>>

Senden.

Umgehend kam eine Antwort zurück, Es war schon fast wie im Chat.

>>Ich bin mir bewusst, dass jeder die Konsequenzen seines Tuns tragen sollte. Dies gilt auch für mich.

Sollte ich nach der Tat gefasst werden, bin ich bereit, die Konsequenzen zu tragen. Ich behalte mir aber vor, meine Meinung gegebenenfalls nicht zu ändern. Dieses Recht gestehe ich auch einem Opfer zu.

Wer das Opfer ist, Schädigender oder Geschädigter, will ich jetzt nicht erörtern. Da wären wir bei der Henne und dem Ei, bei Erläuterungen von Moral und Rechten, und was weiß ich, was noch allem. Du könntest ein Buch darüber schreiben, so viel gäbe es zu besprechen.

Es stehen Taten im Raum. Diese gilt es jeweils zu bewerten und darauf zu reagieren.

Wer Opfer ist, bestimmen Geschichte und Betrachtungsweise.<<

Walter überlegte. Jede Aussage hatte Hand und Fuß. XY fand es gerecht, dass auch er für seine Tat beurteilt und über ihn gerichtet werden kann; so wie er sich seinem Opfer gegenüber verhält. Und das mit den Geschichtsbüchern stimmte auch. Taten werden aus unterschiedlichen Zeiten und größerer Distanz möglicherweise anders beurteilt, als direkt nach einer Tat.

Vielleicht weil sich die Interessen der Beurteilenden verändert haben?

Dann fiel Walter noch eine Frage ein.

>>Findest du dein Verhalten gerecht? Nicht im Sinne von Paragraphen; ich meine moralisch und philosophisch?<<

Walter wusste, dass er keine Zeit hatte aufzustehen, die Antwort würde gleich da sein.

Minuten vergingen. War XY nicht mehr online? Hatte er genug von den Fragen? Walter war enttäuscht, dass er ohne Antwort stehen gelassen wurde und der Kontakt auf diese Weise abbrach. Gerade wollte er aufstehen, als eine neue Mail eintraf.

>>Ich weiß, dass wer nicht fair ist, selbst auch keine Fairness erwarten kann. Es geht aber nicht um Anstand oder nicht; oder wie die Phrasen alle heißen mögen. Ja, es sind nur noch Phrasen.

Es geht um menschlich. Dieser Begriff ist heute leider nicht mehr, was er früher war. Ich weiß, das Argument mit 'früher' ist abgedroschen. Das ist das Problem. Werte ändern sich heute zu schnell, viel zu schnell. Aber oft nur für einen Teil der Menschen. Der andere bleibt im Vakuum zurück.

Früher implizierte 'menschlich' ein aufeinander Zugehen. Heute eher das Gegenteil. Es leben aber immer noch Menschen, die mit der alten Bedeutung aufgewachsen sind.

Es ist ein Unterschied, ob sich Werte ändern, die nur andere betreffen, oder welche, die auch die eigenen Ansichten und Lebensweisen betreffen. Solange Änderungen nur eigene Werte betreffen, halte ich das für akzeptabel. Wenn Werte auf den Kopf gestellt werden, welche die Allgemeinheit in zwei oder mehrere Lager spalten, dann ist ein Überdenken und eine Diskussion mit einem eventuellen Kompromiss notwendig. Ignorieren und Schweigen schafft nur Unfrieden.

Änderungen unseres Lebensraums passieren nur noch selten überlegt. Sie sind nicht mehr von der Mehrheit ab-

hängig – wie es in Demokratien sein sollte – sondern von ganz wenigen. Und die stehen inzwischen außerhalb von territorialen Gesetzen. Sie erheben sich darüber mit eigenen, deren Grundlagen durch Verträge erzwungen oder ergaunert wurden. Entweder erpressen sie, um ihre Vorstellungen durchzusetzen, oder wir haben es auf Volkes Seite mit Idioten zu tun. Beides ist nicht hinnehmbar.
Ich will nicht behaupten, dass ich zu den Alten gehöre, auch nicht, dass ich es nicht tue, aber das Beispiel veranschaulicht, was ich meine:
Alte Leute verbittern und können gefährlich werden, wenn sie feststellen, dass sich ihr Lebenstraum von einem geregelten Leben nicht erfüllt hat. Wenn sie feststellen, dass sie im Alter noch einmal mit dem Denken von vorne anfangen müssen; dass nichts mehr gilt; dass ihre guten Ideale mit Füßen getreten werden; dass Gier über Moral bewertet wird. Man sollte nicht alt werden.
Und noch etwas: Muss ich eine Moral gegenüber dem anwenden, der sie negiert?<<

Walter blickte noch einmal zurück zum Rechner. Er schnappte sich seinen Anorak und verließ das Haus.

**

Draußen ließ der Wind Schneeflocken tanzen. Walter zog die Kapuze über die Ohren und den Reißverschluss bis über das Kinn. Die Hände versenkte er in den Taschen. Sein Blick ging nach rechts. Kein Fahrzeug war zu sehen, nicht einmal vorne an der Ampel.
Mit weiten Schritten überquerte er die Straße. Dabei kam er sich wie ein Kind beim Gummi–Hüpfen vor, vorwärts, quer, vorwärts, und rein in den Matsch.
Der Weg am Fluss hatte ihm bisher immer die besten Einfälle gebracht und den Kopf am weitesten frei ge-

fegt. Nasser Schnee benetzte Walters Socken. Der Räumdienst war mit Wichtigerem beschäftigt.
Hatte XY nicht irgendwie recht? War das System, wie es bisher funktioniert hatte, einem Wandel unterworfen, den niemand mitbekam oder für den sich niemand interessierte? War das System der Gier wirklich schlechter als das der Moral? Wollten den Wandel einige nur nicht akzeptieren?
Walter ging rückwärts, um die Schneeflocken von seinem Gesicht fernzuhalten. Ab und zu schaute er über die Schulter, um nirgends dagegen zu laufen. Er war allein. Niemand führte seinen Hund aus.
'Nennt man es nicht Evolution, wenn sich etwas wandelt? Beruht das Weltensystem nicht auf Evolution? Ist der Mensch berechtigt oder in der Lage, hier einzugreifen? Die? Ich?'
Walter überquerte die Fahrbahn und ging in eine Querstraße. Er hörte den Wind nur noch, fühlte ihn aber nicht mehr. Er blickte zum Himmel.
Eine Schneeflocke fiel in sein Auge; er wischte sie beiseite. Was die Tauben wohl bei diesem Wetter machten? Und die Menschen? Die blieben zu Hause!
Walter beschloss, nur noch den Block zu umrunden. Seine warme Wohnung war ihm die angenehmere Lösung.

***

Sonntag

Am nächsten Morgen überprüfte Walter noch vor dem Frühstück seinen Mail–Account. Leer, er wurde ignoriert, von allen.
Der Vormittag verging. Die Sonne versuchte, die Folgen des vorigen Abends ungeschehen zu machen. Sie hatte vollen Erfolg. Die Temperatur erreichte fast den zweistelligen Bereich. Überall tropfte es herab. So wie der Schnee gekommen war, war er am Abend wieder weg; schnell und ohne dass ihm einer eine Träne nachgeweint hätte.
Die Fahrbahnen waren schon am Morgen wieder frei gewesen.
'Das geht nur in der Stadt', dachte Walter und blickte zum wievielten Male auf den Bildschirm seines Rechners.
Nichts tat sich.

***

Montag

Walter hatte den Sonntag mit Vorbereitungen auf die neue Woche begonnen. In der Redaktion sollten die Umstrukturierungsmaßnahmen beginnen. Alle sollten einen Stock tiefer ziehen; in größere Büros. Das fördere die Kommunikation, bla, bla, bla.

„Es wird mehr Stress bringen, mehr Überwachung. Zudem werde ich es mit denen zu tun haben, die nun wirklich nicht mein Fall sind."

„Ist ein Nachteil ein Vorteil, wenn man auf dem Kopf steht? Ja, auf den Kopf stellen sie alles. Und wer nicht Kopf–Stehen kann, fällt um. Wer umfällt, fliegt raus. Es lebe der Fortschritt!"

Walter redete sich in Rage, bis es ihm zu viel wurde.

‚Warum meldet sich XY nicht mehr? Haben wir uns alles gesagt?'

Walter hatte nun ein anderes Thema zum Nachdenken, fand darin aber genauso wenig Befriedigung wie bei den vorangegangenen Gedanken.

***

Verabredung

Es war schon fünf Tage her, dass Walter etwas von XY gehört hatte. Die Woche war mit viel Arbeit in der Redaktion wie im Flug vergangen. Walter kam kaum hinaus auf die Flur, wie er es nannte. Er fühlte sich verantwortlich, den Umbau so schnell wie möglich abzuschließen.

Am Donnerstag fiel ihm zum ersten Mal auf, dass seine bisherigen Aufgaben von anderen erledigt worden waren, dass er immer mehr zum Dreh- und Angelpunkt geworden war. An diesem Nachmittag, kurz vor Feierabend, erfuhr er, dass er in Zukunft für die Koordination im Hause zuständig sein sollte, natürlich mit entsprechender Dotierung.

'Sie haben mich still und heimlich zu dem gemacht, was ich nicht wieder werden wollte.' Wozu war er vor einem Jahr bei einem Einstellungsgespräch gewesen.

Auf dem Heimweg wusste Walter nicht, wie er reagieren sollte, mitmachen, opponieren, abwarten?

Er dachte daran, seine Mutter anzurufen. 'Wieso sie?' Er war froh, dass sie ihn die letzten Tage in Ruhe gelassen hatte. Vielleicht war sie mit Bernd unterwegs.

Mit seinem Problem musste Walter selbst fertig werden. 'Bin ich ein kleines Kind?'

'Nein!'

Seit Sonntag hatte die Sonne dem Winterwetter Hohn gelacht. Statt endlich die Stadt in ein weihnachtliches Weiß zu hüllen, hatte jemand die Quecksilbersäule steigen und steigen lassen. Walter hatte schon daran gedacht, seine leichteren Sachen im Schrank nach vorne zu legen.

Unter den abgerufenen E–Mails befand sich eine von XY. Schlagartig war Walters Ruhe weg. Zuerst realisierte er das Grummeln in der Bauchgegend. Dann merkte er ein leichtes Zittern in der rechten Hand. Er empfand im Nachhinein die letzten Tage trotz des beruflichen Stresses als Wohltat.

Was wollte XY noch?

Trotz Bedenken öffnete Walter die Mail.

>>Ich habe lange nichts mehr von mir hören lassen. Ich hatte viel zu überlegen und vorzubereiten. Nachdem auch du den Kontakt nicht fortgesetzt hast, melde ich mich. Ich denke, es wird auf diese Art das letzte Mal sein.

Ich glaube, es ist an der Zeit, das Geheimnis um meine Person zu lüften.

Ich möchte dich treffen. Dann kannst du mir ins Gesicht sagen, ob du mich ans Messer liefern willst. Andererseits können wir in Zukunft viele Diskussionen führen.

In gewisser Weise hast du sogar die Möglichkeit, mich noch umzustimmen. Doch mache dir nicht allzu viel Hoffnung.

Ich gebe dir eine einzige Chance. Nutze sie. Wie gesagt, ob es hilft, kann ich nicht versprechen.

Sag mir **einen** Grund, warum ich es nicht machen soll. Dieser muss aber schwerwiegend sein und all meine Gründe aufwiegen.

Überlege gut. Du kannst mir deinen persönlich nennen. Wir treffen uns morgen um 17:45. Den Ort sage ich dir um 17:00.

Informiere niemanden! Keine Polizei, keine Presse! Denke daran, du bist die Presse! Es könnte DEINE Story werden! z<<

Walters Hand zitterte noch mehr, als er die Mail nach nochmaligem Lesen schloss.

Morgen könnte er XY gegenüber stehen, von Ange-

sicht zu Angesicht. Würde XY ihn danach eliminieren?
Walter schüttelte den Kopf. 'Hätte er schon lange machen können. Außerdem sind wir schon fast so etwas wie Freunde. Solange wir nicht Komplizen werden, ok!'
XY bezweckte etwas damit, wenn er sich Walter offenbarte. Doch was? Suchte XY einen Gesprächspartner? 'Warum mich?'
'Warum soll ich mir einen Grund überlegen, der ihn abhalten könnte? Er sagte doch, dass ich mir schon etwas sehr Gutes einfallen lassen müsse, um ihn zu überzeugen. Vielleicht ist er sich sicher, dass ich keinen finden werde.'
Walter hatte sich inzwischen erhoben und ging im Zimmer auf und ab. Vor der Wand auf der einen Seite und dem Bücherregal auf der anderen blieb er jeweils jäh stehen, drehte mal auf dem Absatz, mal auf dem Fußballen um und eilte zurück.
'Ist XY ein Spieler? Sucht er nur den Kick? Wenn er über mich gesiegt hat, weil mir nichts eingefallen ist, lässt er dann von seinem Opfer ab? Hat es überhaupt je eine Zielperson gegeben? War es von Anfang an ein Spiel? Ist die ganze Geschichte erstunken und erlogen?'

***

Letzte Mail

In der Nacht hatte Walter nur teilweise geschlafen. Er hatte alles immer wieder Revue passieren lasen. Bevor er endlich zum letzten Mal einschlief, war er sich sicher gewesen, dass es keine Blickwinkel und keine Sichtweisen mehr gab, die er noch nicht ausgelotet hatte.
Bis Mittag belegte die Arbeit im Büro seine Aufmerksamkeit. Er war zum ersten Mal froh, delegieren zu können. Das ermöglichte ihm, früher nach Hause zu gehen.
Den Nachmittag verbrachte er ausschließlich mit den gleichen Beschäftigungen. Zuerst war es der Blick auf die Wanduhr und das Aufgießen und Trinken von Kaffee. Gegen 16:30 fiel die Abteilung Kaffee weg. Dafür galt es nun, den Blick zwischen Bildschirm und Uhr zu halten.
16:40. Die Blickverteilung lag bei 50:50.
16:45. Die Blickverteilung tendierte leicht zum Bildschirm.
16:50. Die Blicke zur Uhr waren nur noch sporadisch und sehr kurz.
Ab 16:55 blickte Walter nur noch einmal zur Uhr. Dann gab es außer dem Bildschirm nichts anderes mehr für ihn.
Walter hatte in der halben Stunde bestimmt fünfzig Mal seine Mails abgerufen. Es kamen auch sieben. Er ignorierte sie.
Dann 17:01 kam die ersehnte.

>>Hast du es erwarten können? Wahrscheinlich ging es

dir nicht anders als mir. Ich bin gespannt, was du sagst, wenn du mich siehst.
Bringen wir es hinter uns.
Wir treffen uns um 17:45. Ich gebe dir jetzt eine Wegbeschreibung zu unserem Treffpunkt. Du kannst ihn nicht verfehlen. Das Wetter scheint mir in die Karten zu spielen. Das ist Zufall.
Fürchte dich nicht. Bis wir uns sehen, wird es fast dunkel sein. Aber ich bin sicher, du wirst mich erkennen.
Verlasse um 17:20 dein Haus. Wende dich nach links. Gehe auf deiner Straßenseite geradeaus. Biege in die Straße nach der zweiten Ampel. Gehe bis zu ihrem Ende. Überquere die Straße an ihrem Ende. Etwas rechts führt ein Weg in den Park.
Gehe ihn bis zur Gabelung und nimm dort den linken.
Wenn die Büsche zu beiden Seiten enden und der Wiese Platz machen, ist es nicht mehr weit. Ich gehe davon aus, dass du die uralte Linde am Wegrand kennst. Dort wirst du mich finden.
Komm allein! z<<

Walter kannte den Platz sehr gut. Beim Joggen war er schon oft vorbeigekommen. Unter der Linde versteckten sich oft junge Paare. Um den Baum herum war alles weitläufig zu überblicken. Man konnte aus dem Versteck jeden kommen sehen.
'XY ist nicht dumm. Und er kennt die Gegend. – Wie eine weitere Million Bewohner der Stadt.'
Walter nahm seinen Anorak, hängte ihn aber wieder über den Bügel. Er hatte im Schrank einen gelben Friesennerz. 'Der ist auffällig genug.'
Er hängte ihn zurück in den Schrank, weil er sich doch für den Anorak entschied. 'Warum soll ich auffallen müssen?
Er blickte zur Uhr im Wohnzimmer. 17:18
Vorsichtshalber ging er noch einmal für kleine Königstiger. Er wollte nicht in den Büschen verschwin-

den müssen, wenn es gerade spannend werde. ‘Und das wird es!‘
Hatte nicht auch XY einmal die Königstiger erwähnt? Woher kannte er den Ausdruck. Wusste er, dass Walter ihn auch kannte? ‘Alles Zufall! Den Ausdruck kennen die meisten meiner Freunde; und deren und deren.‘
Sollte es einer davon sein? Walter fand das zu abwegig. Wer auch? Er blickte zur Uhr. 17:21.

**

Walter machte sich auf den Weg. Er hatte Zeit. War es Angst? Eine abweisende Handbewegung wischte die Möglichkeit weg; zweimal, dreimal. Passanten wären sicher Zweifel an seinem Zustand gekommen. Aber da war niemand.
Walter sah nichts als die Straße. Er sah nicht, was sich bewegte, was stand. Er ließ es einfach geschehen. Ihm war egal, ob sein Körper die richtigen Reaktionen zeigen werde. Walter ging einfach. Er ging auf sein Ziel zu.
‘Wenn mir bisher nichts geschehen ist, warum jetzt? Warum bestand der Mörder – War er schon einer? Wollte er sich deswegen zu erkennen geben? – darauf, sich mir zu zeigen? Warum will er seine Identität lüften? Ist er sich sicher, dass ich ihn nicht verraten werde?‘
Der Park lag jetzt vor Walter.
‘Warum lockt mich der Unbekannte hier hinein, jetzt, wo es fast dunkel ist und Nebel beginnen ihr Unwesen zu treiben?‘
‘Ist XY noch ein Unbekannter für mich? Er hat doch

schon so viel preisgegeben; so viel.‘
‘Aber seine Identität hat er noch nicht gelüftet.‘
‘Was habe ich oder er davon, wenn ich weiß, wie er aussieht. Er wird ein Fremder bleiben, ein Fremder mit Gesicht, über den ich manches weiß.‘
‘Na und. Für was dann der Aufwand?‘
‘Wird er mir sein Gesicht zeigen? Oder wird er es wie in den Gruselgeschichten unter einer tief ins Gesicht gezogenen Kapuze verbergen? Hinter einer venezianischen Karnevalsmaske?‘
Als Walter auf den Kiesweg einbog, griff die Dämmerung zu und beschlagnahmte ein großes Stück des Parks. Walter kam es vor, als hätte jemand das Licht auf einen Schlag mehrere Stufen gedimmt.
Die letzten Blätter an den Bäumen und Sträuchern sogen Details auf. Nebelschwaden hielten sich von den Laternen fern, kassierten aber darunter und auf den Wiesen sonst alles, Stück um Stück.
‘Noch ein bisschen mehr Nebel und ich bin auch weg.‘
Walter bog links ab. Auf beiden Seiten versperrte dichter, hoher Strauchbewuchs dem nassen Grau über den Grünflächen den Weg. Von oben streckten Bäume ihre Äste schützend über ihn. Obwohl fast alle Blätter abgefallen waren, die verbliebenen und die Büsche rechts und links gaben Walter das Gefühl in einem schützenden Tunnel zu sein. Dass der Tunnel nichts nach außen dringen ließ, kam ihm nicht in den Sinn.
Hier herrschte klare Sicht, wenngleich es nun fast dunkel war. Nur jede zweite Laterne war in Betrieb. Walter wunderte sich darüber, tat es aber mit einem technischen Defekt oder Sparmaßnahmen ab.

Niemand war unterwegs.
Nicht weit entfernt, aber in sicherem Abstand, bellte ein Hund. Was Walter sonst eher als Belästigung empfand, rief jetzt ein Gefühl der Sicherheit hervor. Gänse gaben ihr Missfallen an der Störung kund. Durch den Nebel klang es irgendwie unwirklich, als würde ihnen der Hals zugedrückt von jemand der unentschlossen war, ob er zum Äußersten gehen sollte. Der Lärm verstummte, gefolgt von einzelnen Nachmaulern. Dann war wieder Stille.
Hoch am Himmel glaubte ein Flugzeug mit leisem Grollen die Szene untermalen zu müssen. Der Kies knirschte unter Walters Schuhen.
Walter nahm alles wahr, wie immer. Heute gab es jedoch einen kleinen Unterschied; er tat es jetzt. Normalerweise saugte er alle Eindrücke auf und verarbeitete sie dann zu Hause, meist die Beine hoch gelegt, bei einem Glas Wein.
Es war nicht mehr weit bis zum Treffpunkt. Walters Schritte verlangsamten sich. Seine Beine schienen gegen ein Gummiband zu kämpfen, behielten aber die Oberhand.
Die Büsche zur linken machten abrupt einer Nebelwand Platz; ein paar Schritte später auch die auf der rechten Seite.
Nun waren es nur noch wenige Meter bis zum Treffpunkt. Walter blieb stehen und lauschte. Er glaubte leises Schlurfen vor sich zu vernehmen.
Walter kam sich albern vor, formte jedoch trotzdem die linke Hand zu einer Muschel und legte sie ans Ohr.
Beinahe hätte er gekichert. Warum hält ein Indianer,

wenn er in die Ferne blickt, seine Hand waagrecht oberhalb der Augen? Weil er nichts sieht, wenn er sie senkrecht vor die Augen hält.
Dafür war wirklich keine Zeit. Walters Beine setzten sich wieder in Bewegung.
Vor ihm begannen Schemen Gestalt anzunehmen. Noch ein Schritt. Die Gestalt drehte ihm den Rücken zu und setzte bedächtig einen Fuß vor den anderen. Sie schwankte nicht; drohte wieder im Nebel zu verschwinden. Sie musste Walter gehört haben. Warum blieb sie nicht stehen?
Walters nächster Schritt war größer, um nicht zurückzubleiben. War das der Mörder? War das XY oder ein Spaziergänger, der Walter eventuell beistehen könnte? Walters Puls raste. Er spürte ihn deutlich in den Schläfen.
Die Figur nahm genauere Züge an. Walter gab ihr den Part einer Figur in dem Spiel, das wohl kommen werde. Welche Rolle sie hatte, werde im Verlauf aufgedeckt.
Ein weiterer Schritt, keine fünf Meter trennten die beiden. Walter begann einen Brief an die Verwaltung zu formulieren. Es war unverantwortlich, in so einer Situation nur jede zweite Lampe zu betreiben; besonders in diesem Fall, wo genau die verkehrten ihr Licht abgaben. Während des zweiten Satzes beschloss er, sich doch lieber wieder der Szene in seinem Spiel zuzuwenden.
Der Mitspieler war minimal kleiner als Walter, ausgeglichene Chancen. War er kleiner?
Der Mitspieler hatte eine dunkle Hose an und etwas, was aussah wie ein langer, schwarzer Anorak mit

schwarzer Kapuze, Vorteil für den Anderen, wenn er wegtauchen wollte. Nachteil das dünne reflektierende Band an der unteren Kante des Anoraks. Aber auch das würde der Nebel verschlucken.
Der Mitspieler schien nicht angespannt zu sein oder auf der Lauer zu liegen. Seine Bewegungen strahlten Ruhe aus.
'Ist er der Antagonist oder nur ein Statist? Wer in diesem Spiel ist Protagonist, wer Antagonist? Kommt es auf die Erzähler–Sicht an? Sind wir überhaupt gegensätzlich? Vergibt nicht der Leser oder Beobachter die Etiketten?'
Die Figur blieb stehen. Einen Schritt später stand auch Walter. Walter glaubte zu hören, dass sich der Kopf unter der Kapuze zur Seite drehte.
Dann nahm die Figur wieder ihren Weg auf. Walter vermutete unter der Kapuze ein Grinsen, zumindest ein Lächeln. Das hätte dramaturgisch gepasst.
Nun sah Walter von der rechten Hand der Figur einen Spazierstock seine Tätigkeit aufnehmen. 'Woher kommt der denn? Der war eben noch nicht da.' Hatte sein Widersacher ihn vorher auf dem Schuh gestützt und durch das Bein verdeckt getragen? War es ein Teleskop- oder Klappstock? Wurde der Stock als Waffe mitgeführt? Vorteil Gegner. Eine ungute, ihm in letzter Zeit mehrmals bekannte Anspannung überkam Walter. Das Stück verlangte ein Ende, wenigstens die Szene.
Walter nahm seinen ganzen Mut zusammen.
Er hatte die schwarze Figur eingeholt, ging vorbei. Als er einen Schritt vor ihr war, drehte er wie beiläufig seinen Kopf und grüßte. Dabei sah er in das Gesicht, eingerahmt von einer innen grell–orangen Kapuze.

„Du?“

ENDE

Ebenfalls im Verlag BS motor erschienen:

Der Kein-Fall-Fall

ISBN 978-3-944667-24-9 (Print)

E-Book
ISBN 978-3-944667-25-6 (-mobi)
ISBN 978-3-944667-26-3 (-epub)

www.bs-motor.de

Stei da voa

ISBN 978-3-944667-00-3 (Print)

E-Book
ISBN 978-3-944667-01-0 (-mobi)
ISBN 978-3-944667-02-7 (-epub)

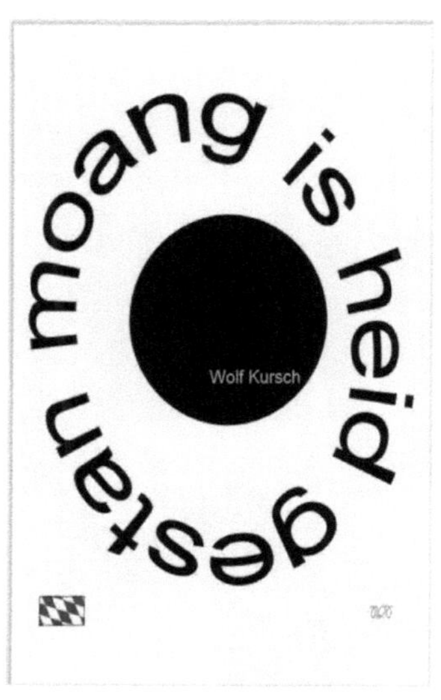

Moang is heid gestan

ISBN 978-3-944667-05-8 (Print)

E-Book
ISBN 978-3-944667-06-5 (-mobi)
ISBN 978-3-944667-07-2 (-epub)